史上最神奇的心理学实验报告

怪诞心理学②新版
不可思议的心理操控

PARANORMALITY WHY WE SEE WHAT ISN'T THERE

[英] 理查德·怀斯曼(Richard Wiseman)◎著

蒋涛◎译

湖南文艺出版社
HUNAN LITERATURE AND ART PUBLISHING HOUSE

博集天卷
CS-BOOKY

史上最神奇的心理学实验报告

为什么你总是被魔术欺骗？

为什么你经常受广告影响？

为什么你很容易被人说服？

为什么你相信世上会有太多不可思议？

为什么魔术、通灵、算命、读心术、星座说能够蒙蔽

造物主最精密的杰作——大脑？

因为它们都利用了心理操控的原理

全球最权威心理学大师理查德·怀斯曼，钻研21年

为你层层揭秘心理操控原理

看完本书，你可以——

- 修炼自我强大内心
- 瞬间操控他人心理
- 飙升非凡人格魅力

本书所有结论都有科学实验证明

本书涵盖大量测试、实验、实践和演示。

下图为第一个小测试，来，让我们先快速看看下面这个墨水斑点图。

你认为这个图像是什么？

非常感谢！在接下来的学习中，你会发现，刚才脑中一闪而过的想法，揭示了你内心深处更多的奥秘。

目录
CONTENTS

序言 是心理幻觉，还是世界的本来面目

第一章 成为你自己的预言家

悬赏100万美元去发现超自然能力 / 003

通灵术，一项微妙的心理技艺 / 009

你也能获得"超能力" / 030

第二章 灵魂出窍：大脑骗人就这么简单

第一个拍到灵魂的珠宝商 / 035

一个不可思议的女人 / 040

灵魂真能脱离身体吗 / 045

牛津"女巫"博士怎样看待心灵感应 / 052

让你体验一把灵魂出窍的快感 / 058

第三章 启动你记忆的橡皮擦

怀疑论者与意念大师的交锋 / 067

意念大师的自白：我如何愚弄世界 / 068

卖给世界一只鸭子 / 073

用你的心理规律欺骗你 / 077

用磷粉让幽灵现身的骗子 / 082

记忆的橡皮擦：无法掌控的记忆 / 086

古鲁大师和冰箱 / 089

第四章　失控的意志：为什么还在想自己不该想的

两个小女孩创造的宗教 / 099

"作为曾经走在最前端的人，我有资格揭发他们" / 104

魔鬼代言人 / 106

科学家法拉第的桌灵转实验 / 110

动念动作，人类最邪门的行为 / 115

为什么无法赶走头脑中的白熊 / 119

"复活"的马克·吐温：双重人格的幻觉 / 121

人类的自由意志不过是假象 / 126

课间休息

一只会说话的猫鼬 / 130

出色的幽灵猎人 / 134

请出英国最高法院 / 136

第五章　看到幽灵？人类心理暗示的能量与误区

《梦魇》，一幅反映灵异现象的画作？ / 143

找到通往神秘梦境之门 / 146

睡眠的五个不同阶段 / 148

汉普顿宫里的幽灵调查 / 151

石头录像带理论 / 156

磁场，是引来幽灵的祸根吗 / 160

让气味通过声音传播 / 162

拉特克利夫码头的幽灵牧师 / 166

幽灵为何是你生活中无法抹去的一部分 / 169

第六章　精神控制，其实就在你我身边

世界上最早的读心术士 / 175

一匹会做算术题的马 / 183

聪明的汉斯效应 / 186

斯文加利效应：操控他人的行为 / 190

从推销猴子到魅力牧师：邪教的阴暗世界 / 195

美国历史上最悲惨的集体自杀事件 / 197

洗脑的四个工具 / 199

外星人会来拯救地球人吗 / 206

第七章　盗梦空间：未来事件如何潜入你的梦

从梦境预测未来 / 214

林肯确实梦见过自己被刺杀？ / 220

那些梦中预见过小林白被绑架的人 / 225

梦是人们通往无意识世界的皇家大道 / 231

结论 / 237

魔术表演速成工具箱 / 243

感谢 / 253

是心理幻觉，
还是世界的本来面目

看似能够通灵的小猎狗，成为实验对象后会做何反应呢？让我们起程，进入另一个世界。

在这个世界里，一切皆有可能，一切又都不像看上去那么简单。

当我凝视贾汀双眼的时候，我脑海中浮现出几个想法。这只聪明伶俐的小猎狗真的能够通灵吗？它怎么就成了世界各地的头条新闻呢？要是它真的能够预测未来，它知道我们的实验会成功吗？就在那一刻，贾汀咳嗽了一声，身体前倾，将秽物吐到了我的脚上。

我与贾汀的朝夕相处还得追溯到十年以前：那时我30岁出头，正在做一项实验，来看看这只貌似能够通灵的小猎狗是否真的能预知主人何时到家。在这之前，我已经花了十多年的时间来研究一系列所谓的超自然现象。在无数个不眠之夜里，我穿梭于闹鬼的房子，检验灵媒通灵的真假，在实验室里做关于心灵感应的实验。

对看似不可能的事物的迷恋，大致始于我8岁的时候，那年我第一次领略到魔术的魅力。我的祖父通过一枚硬币，带我进入魔术的世界——他让硬币消失，之后这枚硬币竟神奇地出现在一个密封盒里。几个星期后，他向我揭示了"奇迹"背后的秘密，从此我便像着了魔一般。在接下来的几年里，我竭尽所能地去学习魔术和骗术等黑魔法。在二手书店遍寻艰涩难懂的魔术手法书，加入当地一个魔术俱乐部，向亲朋好友们炫弄花招。就这样，几百种技艺被我收入囊中，使我成为声名卓著的魔术圈里最年轻的成员之一。

要想成功地蒙蔽你的眼睛，魔术师必须得知道你的所思所为，更确切地说，他们得搞清楚怎样才能使你错看眼皮子底下所发生的一切，防止你思考去揭穿这个把戏，并促使你混淆刚才发生的事情。多年以来，我每晚两次"愚弄"众人，并沉迷于与之相关的人类行为。最终，我决定报考伦敦大学的心理学系。

就像大多数魔术师常常怀疑超自然现象是否真的存在一样，我也将这些现象封锁于心里的某个文件柜，并暗暗贴上了"虚假的，但可以作为聚会的有趣谈资"的标签。但是，在将近一学年的心理学学习后，一次机缘巧合彻底改变了我先前的观念。一天，我窝在学生公寓里，漫不经心地打开电视，恰巧赶上了某个科学与灵异现象节目的结尾。电视屏幕上，一位名叫苏珊·布莱克摩尔的年轻心理学家声称对夜晚发生的神秘事件着迷，她说的话对我整个职业生涯产生了巨大的影响。她说，与其去确认这些神秘事件是否属实，还不如去研究人们为什么会有这些奇怪的经历。为什么妈妈们相信自己与孩子之间有心灵感应？为什么人们会认为自己看到了鬼？为什么人们会如此相信星相？在看到这个节目之前，我从未认真考虑去研究超自然现象。现在，我好像突然开了窍。我为什么要花那么多时间去探求那些根本就不存在的神秘事件呢？苏珊的话对我来说简直是醍醐灌顶。原来，将注意力集中在研究那些隐藏在人们的经历、信仰背后的心理，比研究现象本身的存在更具意义。

当我愈加深究这些现象时，我发现，用这种方法研究灵异现象的不止苏珊一人。纵观历史，我们发现有不少研究者毕生致力于探索超自然的真相。他们敢于挑战怪异荒谬，敢于以先锋者的姿态进行最为奇特的研究，他们敢于取下世界顶级读心术大师的大脑，他们渗入邪教组织，他们试图为死者的灵魂称重，他们试图测试一只据说会说话的猫鼬。正如《绿野仙踪》的秘密在于一个人在幕后按按钮、拉拉杆一样，看似怪诞的灵异现象背后，隐藏的却是人类心理的秘密以及关于日常生活的心理学。

　　这种研究方法的例证之一，便是我对那只看似能够通灵的小猎狗所做的实验。

　　在成为知名灵媒之前，保罗·麦肯纳主持过关于超自然现象的系列电视节目，我曾经是该节目的特约科学家，针对所有出色的表演、实验、事件提出自己的看法。这个节目可以说是个大杂烩。比如，有一次节目的主题是一个男人的指尖可以产生火花，而在另一期节目中，保罗邀请了数百万观众一起试图用意念的力量来影响彩票的结果，他们把注意力全部集中在七个特定的号码上，最终押中三个数字。

　　有一期的节目格外有意思，节目播放了一只名叫贾汀的小猎犬的短片。短片中，贾汀看上去具有超凡的预知能力，能够预测自己主人帕姆回家的时间。帕姆和父母住在一起，家里人注意到，如果女儿那天会回家，贾汀肯定会一直坐在窗台上，直到女儿回来，所以每次贾汀坐到了窗台上，就意味着女儿那天肯定会回家。某份全国性报纸报道过贾汀的这种本领，奥地利的一家电视公司还专门为贾汀设计了一个实验。实验在保罗·麦肯纳的节目中播出，一组摄制人员跟随帕姆在市中心活动，另一组摄制人员则在帕姆的父母家里跟踪拍摄贾汀。摄影画面显示，当帕姆决定回家的时候，贾汀果真会跳上窗台发呆，一直等到主人到家才下来。之后，帕姆、贾汀和我都参与了节目中的访谈，当我表示对贾汀很好奇之后，帕姆邀请我对贾汀进行一次更正规的检测，看看她的狗是不是真能通灵。接下来的好几个月，助手马修·史密斯和我驱车前往英格兰西北部的拉姆斯博顿，在那里对贾汀展开了测试。大家见面后一切顺利，帕姆非常友善，马修和我都很喜欢贾汀，贾汀似乎也很喜欢我们。

在第一次实验中，马修和帕姆驱车到8英里之外的一个酒吧。一到目的地，他们就随机挑了一个数字作为回程的时间。与此同时，我一直在拍摄贾汀最喜欢的那个窗户，完整地记录贾汀在那里的情况。帕姆和马修离开酒吧回家之后，我们回放拍摄的影片。很有意思，这只小猎犬看上去果然通灵，一到帕姆和马修设定好的回家时间，它就待在了窗台上。一切看上去都没有什么疑问。然而，当我们仔细查看影片的其他部分时，却发现贾汀的行为值得深究。我们发现贾汀好像迷上了窗户，整个实验期间先后跳上窗台13次。第二天我们进行了第二次实验，结果显示贾汀跳上窗台的次数为12次。似乎贾汀待在窗台上这一行为并不像奥地利电视节目说的那样，是主人回家的明显信号。帕姆解释说可能是因为做实验的时间不对，夏天做实验，对贾汀的干扰很多，比如当地的母狗正在发情，还经常有鱼贩子经过，等等。

同年12月，我们来到拉姆斯博顿，又做了另外两次实验。在第一次实验中，当马修和帕姆动身回家前，贾汀先后四次跑到窗边，其中一次大约有10分钟。空欢喜一场！在最后一次实验中，贾汀去了窗台六次，其中一次正巧马修和帕姆刚刚离开酒吧，而且几秒钟后，它就很快跑到花园，在我的鞋上吐了口水。

很显然，这一切的一切根本算不上是动物通灵的证据。然而，有趣的并不是探讨动物有没有通灵的天赋，而是为什么人们会相信自己和宠物之间存在某种奇异的关联呢？关于这个问题，至少有一部分答案存在于人们思考世界的基本方式中。

1967年，威斯康星州立大学夫妻档心理学家洛伦·查普曼和简·查普曼做了一个经典的实验。这个实验主要是考察一个心理疾病的诊断模式，被称为"画人测试"，在20世纪60年代非常流行。当时的临床医生认为，通过画人可以检测出画者的精神疾病，比如偏执狂、性压抑、抑郁症等。然而，查普曼夫妇对此感到怀疑。例如，临床医生认为患有偏执狂的人往往会画出大眼睛，查普曼夫妇则认为这不过是当时人们的一种固有思维罢了，根本就没有科学依据。查普曼夫妇怀疑临床医生使用的诊断模式事实上和一般人心中的想法无异。为了证实这种想法，他们让一组学生查看精神科病人画的人像，并要他们推测并简述画者的疾病症状，比如偏执狂、"担心自己缺乏男子气概""怀疑是阳痿"等。实验人员问这些学生有没有发现什么规律。有趣的是，这些学生说出的判断模式就是精神科专业医生使用了多年的诊断模式，偏执狂会画出超大的眼睛，担心自己没有男子气概的人会画出宽阔的肩膀，生殖器较小的人在画中不会突出生殖器等。

　　事实上，查普曼夫妇是随机配的人像图画，人像图画和症状之间不可能有什么模式可循，可是实验的参与者们看到了根本不存在的诊断模式。查普曼夫妇的研究完全颠覆了"画人测试"，同时还揭示了人类很重要的一个心理现象：人们的想法不是被动地存放在大脑里等候外界信息给予肯定或否认；相反，是这些想法影响了人们怎样去看待一件事物，尤其是当某种巧合出现时。人们乐于关注巧合的事情，如果这个巧合事件正好和他们的观点相符，人们就会关注很多。在查普曼夫妇的实验中，参与者们已经认定了偏执狂画出的眼睛会比较大，所以就特别关注画出大眼睛的人到底是不是偏执狂，忽视了画出大小正常的眼睛的人也可能是偏执狂。

　　这个心理也同样适用于超自然现象。我们都愿意相信自己拥有某种灵异潜能，所以当想到某个朋友时，电话铃声响起，传来的恰好是这个朋友的声音，我们就会特别兴奋。在这种情形下，人们往往会忘记另外一种偶然，比如，正想到某个朋友的时候，电话铃响起，接起来却是推销员的电话。其实，大多数的情形是，你的朋友打来电话都是在预料之外。再比如，假如我们做了一个梦，第二天发生的事正好和梦境相符，我们很快就会想到自己具有先知的能力，可这样想的时候就忽视了我们经常做梦，却并没有成为现实的情况。同样的道理，如果我们相信宠物和主人之间存在着某种精神关联，就会对宠物看上去正确预测了主人回家的事特别注意，而完全忽视了宠物预测错误的情形。事实上，宠物根本就没有通灵的预测能力，只是人们心中的这个念头使然。

　　同样的心理也发生在当人们生病的时候。几千年来，人们确信只要碰上一定程度的气温、气压和湿度的变化，他们的关节炎就会发作。20世纪90年代中期，研究者唐纳德·雷德梅尔和阿莫斯·特维斯基为了探究关节疼痛与天气状况之间的潜在关系，将一些风湿性关节炎患者（所有患者都相信疼痛与天气有关）组织起来，在一年多的时间里，让他们每月两次评价自己的疼痛程度。雷德梅尔与特维斯基还密切留意当地同期的气温、气压和湿度的信息。然而，数据显示，患者的身体状况与天气毫无关联，他们将注意力集中在坏天气作祟下的极度疼痛，并错误地认定二者一定相关，却忽略了其他情况下的疼痛。

　　我们或许也听说过某人做了祷告后疾病奇迹般地痊愈，就认为祷告可以帮助病愈，忘记还有人在多次祷告后没有丝毫好转的情况。再比如，人们看到某人吃了大量的橘子之后癌症居然痊愈了，就相信橘子具有治疗癌症的功效，而忽视那些吃了很多橘子也不见好转的人，或是不吃橘子病也好了的人。

　　这种心理作用甚至也影响了种族主义的散播。当人们看到少数种族的人发生了暴力行为，就会忘记世界上还存在遵纪守法的少数种族的人，同时忽视那些主流种族的人的犯罪现象，并得出一个非常主观的结论：少数种族的人特别容易犯罪。

对贾汀的研究以调查一只看似能通灵的小狗开始，又以揭示我们误解世界的最根本方式告终。这就是我热衷研究超自然科学的原因。在这个世界里，每次旅程都充满未知数，你不知道你会遇到什么，会发现什么。

我们即将踏上征途，揭开超自然科学的神秘面纱。在一系列神奇的故事中，我们将遇到一个个让人目不暇接的角色，我们将走到后台，跟随专家的脚步，观察故事的核心人物，并参与令人震惊的降神会。在每一次的奇妙之旅中，我们肯定能揭秘隐藏在"不可能"背后的伟大科学。比如，为什么你会害怕在黑暗中碰到物体，为什么你的潜意识远远比你想象的要强大，为什么有时你的心理会被别人控制，等等。这并不是一次被动的观光旅行，一路上，你可得挽起袖子，亲身加入到实验当中。每一次小小的测试都是天赐良机，你能够因此而挖掘自己心中的小秘密，测量自己的直觉到底有多大的威力，评价你受其他事物影响的程度，或许你还能知道自己是否是一个天生的骗术高手。

现在，是出发的时候了，是准备进入这个看似不可能却远非表里如一的世界的时候了。在这个世界里，真相比虚构更离奇；在这个世界里，我花了20年的时间，乐此不疲。

那么快点，暴风雨正在酝酿，开始我们的旅程吧，前往比《绿野仙踪》更神奇的世界。

怪诞心理学 / 2

·················· 不可思议的心理操控

第一章
成为你自己的预言家

本章中，我们将初识神秘的D先生，再一同去拜访不存在的乌比冈湖小镇。最后，我们将通过学习通灵师的心理技艺，发现内在自我。

　　关于D先生，我不打算公布他的真名，因为那对D先生有失公平。D
先生1934年出生于英格兰北部，是一位不可思议的职业通灵师，以通灵
的准确性著称于世。当我在爱丁堡大学学习的时候，D先生联系我，问
我是否有兴趣观察他如何做通灵阅读。我立刻接受了他的好意，并邀请
他到爱丁堡大学来，让我拍摄他的工作场景。几个星期后，我们两个人
在心理学系的休息室里碰了头，我带他到我的实验室，并为他找好了几
个志愿者。他们都迫不及待要参与D先生的通灵阅读。D先生很快在桌
子边安静地坐下，然后拿出塔罗牌和水晶球，等待他的第一个"客户"
上门。几分钟后，门开了，进来的是一位43岁的女招待员丽莎。我按下
了"记录"的按钮，开始摄像，并退到镜头后面。

　　D先生此前对丽莎一无所知。他先让她伸出右手，掌心向上，再用
放大镜认真地察看她手掌心的每一条纹路。接着D先生开始描述她的个
性。丽莎听后，点头微笑。又过了一会儿，D先生让她洗一叠塔罗牌，
说完把牌放在桌子中间。D先生一张接一张地将塔罗牌翻转过来，然后
一张一张解释。大约过了3分钟，他告诉丽莎，她有一个哥哥，并详细
地描述了他的职业生涯。又过了几分钟，D先生说，丽莎最近和爱人的
关系破裂了。

对丽莎的通灵阅读持续了十几分钟。当她离开实验室后，我采访了她。丽莎说D先生果然与众不同，对她的性格、最近遇到的困难以及她哥哥的职业生涯都描述得相当准确。当我要求丽莎给D先生的通灵阅读打分时，她给了满分。

在短短几个小时内，D先生不仅为我们打开了一扇进入专业通灵世界的大门，还为我们展示了即便是一个普通人也能学成通灵术的方法。这一天很快就过去了，D先生收起了他的塔罗牌，和我告别。令人遗憾的是，从此以后，我再也没有见过D先生，他在几年后因心脏病突然发作，与世长辞。然而，与他短暂相处的时间我一直铭刻于心。

每年都有数百万人访问通灵师，每次都对通灵师能够洞悉他们心灵深处深信不疑。那么，他们是在欺骗自己，还是只是掉进精心布置的骗局的受害者，又或者是有什么真正诡异的事情发生了呢？为了找到答案，研究者把通灵师的"超自然能力"放到了显微镜下，一探究竟。其中，最有名的就是魔术师，同时也是超能力的怀疑论者——詹姆斯·兰迪。

悬赏100万美元去发现超自然能力

1928年，兰德尔·詹姆斯·汉密尔顿·茨威格出生于多伦多，在他12岁那年，正好赶上美国著名的魔术师大哈利·布莱克斯顿的现场表演。兰德尔·茨威格回去后开始沉迷于魔术的世界，最后变得一发不可收，并最终踏上了定期表演魔术的舞台。

和许多魔术师一样，茨威格对灵异现象持怀疑态度。在他15岁的时候，他来到当地的巫师教会，他对自己看到的事情感到非常恶心。事情是这样的。巫师让参加集会的人都带上一个密封好的信封，里面装有写给已逝爱人的问题。游戏开始了。巫师头目用了几个简单的技巧，在不打开信封的情况下，当众读出信封里的问题，并杜撰了几个来自死者的回复。茨威格尝试揭穿这个小伎俩，可惜的是，这件事被巫师头目的朋友知道了，随后他被送到当地警察局蹲了一阵子。

然而，茨威格不声不响地逃过众人耳目，蓄起山羊胡子，把自己的名字改成了现在如雷贯耳的名字——詹姆斯·兰迪，并从此开始了他漫长而精彩的职业魔术师、逃身术大师的生涯。多年以来，兰迪进行了一系列逃身术表演，这使他经常成为头条新闻。其中，使他享誉海内外的魔术包括：在一个密封的金属棺材里停留104分钟（打破了胡迪尼只待了十多分钟的纪录），同时将强尼·卡森所主持的《今夜秀》节目延长了22分钟；倒挂于尼亚加拉瀑布，从一件紧身衣里逃脱；将摇滚巨星爱丽丝·库珀当众"斩首"。

作为一个魔术师，兰迪从未放弃过揭露灵异诈骗现象，而人们对他的调查研究褒贬不一。1996年，他成立了詹姆斯·兰迪教育基金会，其网站打着"拥有大量灵异、伪科学、超自然的学习资源"的旗号不断发展，并向那些自称通灵师和宣称拥有超自然力量的人提出大胆挑战，确切地说，是100万美元的挑战！

这个悬赏100万美元的故事，还得追溯到20世纪60年代后期。有一次，兰迪出现在一个电台访谈节目中，解释他为什么认为那些声称自己拥有超能力的人无非是在自欺欺人。一个打进电话的通灵师建议，如果真有人能向他证明通灵能力的存在，那么兰迪就该用钱堵嘴，对这个人进行现金奖励。兰迪决定接受挑战，并当即把1000美元摆到了桌子上。几年过去了，兰迪设立的奖金从1000美元增加到10万美元。到20世纪90年代末，一位富有的基金会支持者将奖金增加到了100万美元，只要谁巫师让参加集会的人都带上一个密封好的信封，在不打开信封的情况下，当众读出信封里的问题，并杜撰了几个来自死者的回复。

向他证明超自然能力的存在，就可以拿到这笔奖金（到目前为止，还无人领到奖赏）。十多年来，这个瞬间成为百万富翁的机会吸引了络绎不绝的人，包括声称自己能猜中次序被打乱后的扑克牌的人，声称可以用一个弯曲衣架发现地下水的人，甚至有一个声称可以用意念力使陌生人小便的女人也前来挑战，却也以失败告终……

2008年，英国有家媒体推荐了一个名叫帕特里夏·帕特的女人，向兰迪的百万美元发起挑战。其理由是他们相信，帕特里夏·帕特能够与他们已逝的亲人、朋友聊天并获取他们的生活信息。兰迪邀请我和伦敦大学金史密斯学院的心理学教授克里斯·法兰奇，一同前去测试她的超能力。

帕特住在埃塞克斯郡，她是一个经验丰富的通灵师，多年来为个人和团体做了不少通灵阅读。据她的网站介绍，她大部分工作的开展都得益于她的埃及精神导师——了不起的安卡拉的帮助，而她第一次遇到安卡拉，是在一个回归式催眠程序中。在帕特的网站上，她详细描述了许多案例，作为她与灵异世界沟通的佐证，甚至列了好几家报道过她的电视台和电台的名称。

经过多次讨论，帕特、法兰奇和我商定了测试细节。测试安排如下：在同一天召集十个志愿者，且帕特事先不认识他们，她要做的是尝试分别联系每个志愿者已逝的亲人或朋友，并收集信息，然后对每个志愿者的性格和生活状况做出相应评论。

见证真伪的大日子终于来了！这些志愿者被安排在这一天不同的时间来到法兰奇的实验室与帕特会面。为了避免帕特根据志愿者的衣着和神情获取相关的信息，法兰奇还取下了志愿者佩戴的所有珠宝首饰，他们穿一身从头到脚的黑色长袍、戴一顶黑色斗篷进去。

志愿者们进入房间后，被安排坐在一把面对墙壁的椅子上。然后，帕特才进入房间，开始尝试与灵异世界取得联系。帕特所做的是，与志愿者相关的逝者接上线，随即迅速地记录与这个志愿者相关的信息。我的任务是，在适当的时间带帕特进入和离开这个测试间，并在她与逝者对话的时候，紧随她左右。在此期间，我基本上每时每刻都与她待在一起，所以只要有片刻的休息，我就和她聊天。有一次我问她，作为一个职业通灵师，是否有什么难言之隐？她解释说，最令她恼火的是有的客人和她预约好了却没有露面。

一位志愿者正在进行帕特里夏·帕特的实验

<<<

当帕特为十个志愿者都做了通灵沟通后，所有的志愿者被带回测试间，然后我们发给他们帕特所做的十份记录，并要他们在这十份描述里挑出和自己相符的那一份。如果帕特真具有与死者对话的能力，那么志愿者应该很轻松就能挑出描述自己的那一份。举个例子来说，一个志愿者在乡下长大，又在法国旅居了很长一段时间，并在最近和一个男演员结了婚，那么此人一眼就能看出哪一份记录描述的是自己。如果帕特果

真这么神，那么在她的记录里应该会提到一个被绿色包围的童年、布里饼的特别气味，或者类似这样的话语："亲爱的，这真是一次伟大的胜利。"这个志愿者只要瞥一眼这样的描述，她就会立即对号入座。我们对帕特设定的考核标准是，有五个或五个以上的志愿者挑出和自己相符的描述就判她获胜。

这时，每个志愿者都仔细阅读了帕特的记录，并从中挑出了属于自己的那一份。与此同时，我们都聚集到了法兰奇的办公室，准备检查测试结果。经过检查我们发现，1号志愿者挑了本应属于7号志愿者的描述，2号志愿者挑了属于6号志愿者的记录，接下来每一份都是如此，完全错位了，没有一个志愿者准确挑选了属于自己的记录。这个结果让帕特惊呆了，她扬言要改进方法后再回来证明给我们看。

你可能会说，帕特会失败是因为她是在被设定的苛刻条件下进行的。除非要给一个内向的业余"蝙蝠侠"做通灵阅读，否则，谁会头戴黑色斗篷，身穿黑色长袍，背对着她，请她来做通灵阅读呢？可遗憾的是，即使她在相对自然的条件下进行实验，结果仍然失败了。

早在20世纪80年代，乌得勒支大学的心理学家亨德里克·博仁坎普和辛波·斯考滕用了五年的时间，研究了12个备受尊敬的荷兰灵媒。

他们每年都到上述12个灵媒的家中拜访几次，每次他们都会带一张与灵媒素昧平生的人的照片，并要求灵媒提供照片里的人的相关信息。有时，他们也向随机抽取的普通人出示同样的照片，并要求其提供相关的信息，程序完全一样。经过记录并分析超过1万条评述后，他们得到的结果是，号称拥有超能力的灵媒们的表现并没有比随机抽取的普通人强，并且，不论是灵媒还是普通人，测试结果均没有多高的命中率。

这些测试的失败并不令人感到意外，而是向来如此。

在过去的一个多世纪中，研究者们测试了众多号称拥有通灵能力的灵媒，均告失败。事实上，在做了大量这方面的工作后，辛波·斯考滕得出结论：灵媒的表现纯属碰运气。所以，只要灵媒宣扬自己生来拥有超能力，兰迪的百万美元奖金就是安全的。

虽说如此，却仍有约六分之一的人找过灵媒算命，并都说灵媒很灵。

要想解开这个谜，我们有必要学习通灵阅读的秘密。我们有好几个方法可以学习。比如，我们可以花几个礼拜的时间参加一个灵媒进修班，打开通灵之眼；或者报考需要学习一个月的进修班，学会与逝者对话。再不然，就省省时间和精力，把这些全忘掉。无论有意为之还是无意为之，大多数灵媒都在使用一套惹人眼球的心理技巧，以营造他们能够神奇地洞悉过去、现在和未来的假象。这种被称为"冷读术"的技巧，可以反映出人们日常生活互动的基本形态。要了解这种技术，我们还得去请教我们的老朋友。

通灵术，一项微妙的心理技艺

在我们继续探索通灵阅读背后的心理秘密之前，先来做两个心理测试：

第一个测试，假设下图代表一个大沙坑鸟瞰图，接下来，假设有人在沙坑里随机选择了一个地方埋下一些珍宝。你只有一个选择，向下挖掘，找到宝藏。不要想太多，请在你选择的地方画一个"×"，表示你在这里向下挖掘。

>>>

第二个测试，在空白处画两个简单的几何图形，一个图形包含在另一个图形里。

做完了吗？好，非常感谢，我们稍后将揭开这个测试的答案。

你还记得我在第一章的开头，是如何描述D先生在访问爱丁堡大学期间展示他神奇的才能的吗？现在回忆一下，在一个个通灵阅读中，完全陌生的人坐在D先生的面前，不可思议的是，当他们离开时，个个都深信D先生知道关于他们的一切。令人印象最深刻的是，D先生给丽莎做通灵阅读时，丽莎完全搞不清楚，为什么D先生会如此了解她的性格、她哥哥的职业，以及她最近的感情问题。

很多人可能已经猜到，D先生其实并没有什么真正的超能力。事实上，D先生大半辈子都在从事"冷读"工作，伪装自己有通灵的能力，而且他还十分乐意向大家解释他的伎俩。D先生运用了六个心理技巧，就取得了看似不可能的神奇效果。

要想知道第一个心理技巧是什么，我们需要先去拜访一下不存在的乌比冈湖小镇。

第一个心理技巧　●●●

"乌比冈湖效应"：人们对于自身的性格和能力抱有不切实际的乐观态度。

20世纪80年代中期，美国作家、幽默家盖瑞森·凯勒在其作品中虚构了一个小镇——乌比冈湖小镇。根据凯勒的描述，乌比冈湖小镇位于明尼苏达州的中心，在19世纪的地图上找不到。在描述不存在的小镇乡亲时，凯勒说："所有的女人都很好强，所有的男人都很好看，所有的孩子都不同凡响。"虽然是开玩笑写的，但凯勒的描述反映了一个重要的心理学原理，现在被称为"乌比冈湖效应"。

大多数时候，你的决策建立在理性的基础上，然而，在某些特定的情况下，你的大脑会开一下小差，让你失去理智。心理学家发现，产生非理性的一个重要原因源自一个奇特的现象，称为"自我本位偏见"。我们都有一个脆弱的自我，它会用不同的手段来保护自己不被外面残酷的现实所侵害。我们将成功归功于自己，将失败怪罪于他人。我们欺骗自己，夸赞自己举世无双，比一般人都要能干，而且将来还能发大财。这些自我意识听上去可能有些夸张，但有一个著名的例子可以给我们做出诠释，那就是研究每对夫妻，估算他们干的家务活的比例，结果每对夫妻估算的比例相加都会大于100%。如果每个人都专注于自己所干的家务活，同时忽视伴侣所干的活儿，那么就会表现自我本位偏见。

在大多数情况下，这种自负对你有好处。它使你积极向上，促使你在清晨早起，帮助你应对命运的暴虐，并在遇到困难时说服自己继续向前。例如，研究表明，人们对于自身的性格和能力抱有不切实际的乐观态度。94％的人认为，他们的幽默感高出普通人的平均水平；80％的司机说，他们比一般的司机驾驶技术更娴熟（包括那些因为交通事故躺在医院里的司机）；75％的商界人士认为，自己比一般的商人更有正义感。当涉及人格时亦是如此。向人展示并使人确信自己的积极乐观，令大部分人误以为自己比一般人更富有责任感、协作能力和内涵，更可靠、独立、体贴、友好、礼貌。在我们的余生中，这些幻象将会成为我们获取快乐、成功和适应能力所付出的代价。

一个好的冷读通灵师会帮助你激发这种自我意识，他们会告诉你，你很棒。D先生的通灵阅读可谓奉承满盈。通过快速扫描丽莎的手掌纹路，D先生说她具有很好的想象力和创作才华，并且观察入微。D先生还告诉丽莎，其实她也可以成为一个很好的通灵师，因为她的直觉很灵，更重要的是她能明确表达自己的意见而不伤害别人，她是一个很懂得为他人着想的人。每一次丽莎听到D先生的赞美时都非常受用，认为D先生说得对极了，这完全应验了"乌比冈湖效应"。

但是冷读术不仅包括"乌比冈湖效应"，还包括鲜为人知的"达特茅斯印第安人队与普林斯顿老虎队效应"。

第二个心理技巧 •••

"达特茅斯印第安人队与普林斯顿老虎队效应"：人们往往只看到他们想看到的。

1951年，美国大学生足球赛，达特茅斯印第安人队对阵普林斯顿老虎队。这是一场非常粗暴的比赛。在整场比赛中，普林斯顿一个队员的鼻子断了，达特茅斯队一个队员的腿断了。然而，两所大学的报纸对这场比赛的评述截然不同。达特茅斯校报认为是普林斯顿的队员在搞鬼，而普林斯顿大学的记者则认为达特茅斯队应对此负主要责任。这是媒体的偏见吗？出于好奇，社会心理学家阿尔伯特·哈斯托弗和哈德利·坎特里尔分别找到了观看这场比赛的两个大学的学生，并询问他们现场的状况。采访结果显示，尽管他们看的是同一场比赛，可这两组学生由于关注点不一样，比赛的观感也大相径庭。比如，当被问到是不是达特茅斯队的队员抢先动粗时，36%的达特茅斯大学学生选择"是"，而86%的普林斯顿大学学生选择"是"；同样，只有8%的达特茅斯大学学生认为自己的球队没有必要动粗，而35%的普林斯顿大学学生认为达特茅斯队的队员完全没有必要动粗。不单是一场比赛，研究者们还在很多场合发现这种"选择性记忆"的现象：当信念很强的人被问及争议性话题时，他们往往只看到他们想看到的。

这种"达特茅斯印第安人队与普林斯顿老虎队效应"也有助于解释丽莎通灵阅读的成功。当D先生第一次察看她的手掌时，他从多个角度描述了丽莎的性格，其中很多描述都具有两面性。比如他告诉丽莎说，丽莎是个很敏感的人，同时也非常脚踏实地；又说丽莎在别人眼里可能有点儿害羞，但其实她是敢于直言的人。同样的道理，达特茅斯印第安人队队员与普林斯顿老虎队队员只记得那些他们早已先入为主的比赛画面，丽莎也是有选择地听取了D先生对她性格的描述。换句话说，她只听到她想听到的，而那些不正确的描述，她就当没听到。

在知晓了"乌比冈湖效应"和"达特茅斯印第安人队与普林斯顿老虎队效应"之后，让我们趁热打铁，来了解第三个冷读术秘诀："福克斯博士效应"。

第三个心理技巧

"福克斯博士效应"：人们善于在一个毫无意义的形状中看出含义。

先来看看下面这个符号：

如果把字母"A"放在这个符号的左边，把字母"C"放在这个符号的右边，大多数人会把这个符号认定为字母"B"。

然而，如果把数字"12"放在这个符号的上面，把数字"14"放在这个符号的下面，大部分人就会把这个符号认定为数字"13"。

你可能比较聪明，将字母"A"和"C"分别放在这个符号的左右，同时又把数字"12"和"14"分别放在它的上面和下面，忽然之间，这个符号就变得在字母"B"和数字"13"之间摇摆不定了。

所有这些都说明了人类感知系统的一个基本怪癖。只要在合适的背景下，人们就善于从一个毫无意义的形状中不知不觉地看出含义来。同样的原则也可以帮助解释人们为何可以从罗尔沙赫氏心理测试的墨迹中，从云彩和烤松饼中看出各种不同的图案。你可以试试，随便盯着一个什么形状的图形看，只要时间允许，你的眼里就会出现一些物体、脸和数字等。

在我们日常的对话中，也会出现这种情况。当你与人交谈时，你们彼此都想要将自己的观点尽可能地传达给对方。你的某些言论或许模棱两可，但是，人类的大脑非常善于将对话内容加以推断。然而，当这个重要的过程高速运转时，你就会臆想出原本不存在的意思。

20世纪70年代，南加利福尼亚大学的唐纳德·纳夫图林和他的同事以令人惊叹的方式验证了这个技巧的威力。纳夫图林以数学与人类行为之间的关系为主题，写了一份可以称为天书的报告。此外，他还特意安排了一个演员在一个教育论坛上用这份毫无意义的报告做了一次演讲，然后询问台下作为听众的精神科医生、心理学家、社会工作者，问他们觉得这个演讲怎么样。在演讲之前，纳夫图林还特意给演员做了培训，让他排练台词，并认真教他如何应付演讲结束后长达30分钟的提问时间；再比如，教他用双面陈述、新的专业术语，甚至自相矛盾等技巧来回答听众的提问。在演讲开始之前，纳夫图林介绍了这位演员，并把他说成是迈伦·福克斯博士，还帮他杜撰了一个令人印象深刻的简历。在接下来的一个半小时里，听众完全被这个演员看似深奥、实则毫无意义且自相矛盾的演讲给征服了。当演讲结束后，纳夫图林给每个人发了一份调查问卷，收集反馈信息。

就像你刚看到的，人们可以将一个原本没有意义的符号理解成字母"B"和数字"13"，听众从假福克斯博士的胡话中听出了伟大的智慧言论。根据听众的反馈意见，绝大部分听众认为福克斯博士的演讲条理清晰，分析到位，非常棒。85％的听众表示，学识渊博的福克斯博士的演讲组织材料的逻辑性非常强，70％的听众称赞他用的例子，95％的听众认为他的讲话非常具有启发性。

纳夫图林不是唯一一个揭露人类这种无中生有能力的人，因为早在20世纪60年代中期，麻省理工学院的人工智能专家约瑟夫·魏泽堡就设计了一个计算机程序，旨在创建一种看心理医生的虚拟体验。这个程序被命名为伊莉莎（名字取自《窈窕淑女》影片的女主角伊莉莎·杜立特尔，一个被成功调教为淑女的卖花女）。这个程序的设置非常简单，在每次心理咨询开始前，伊莉莎都会让咨询的人陈述自己的问题，然后再依照几个固定的模式回答这些问题。比如，如果有人以这样的形式提问——"我只有一个……问题"，伊莉莎的回答就被设定为"你说你只是……"如果这个人回答"是的"，伊莉莎则回答："有什么特别的原因让你觉得是这样呢？"如果有人的表述不符合这些标准形式，伊莉莎的回答则是"多告诉我一些"。现在，让我们体验一下。当你咨询有关跳槽的事情时，这个过程则大致如下：

伊莉莎：告诉我你的问题是什么？

你：我刚刚换了工作。

伊莉莎：你说你刚换了工作？

你：是的，我不知道我的决定是否正确。

伊莉莎：你似乎是相当积极。

你：我认为是这样。

伊莉莎：你能详细说说吗？

你：嗯，我感觉这是一件正确的事，于是就做了。

伊莉莎：我不敢说我完全理解你。

你：我是那种相信自己直觉的人。

伊莉莎：你的直觉感受很准吗？

你：是的，你知道，我会有一种预感。

伊莉莎：你肯定吗？

你：我想是这样。

伊莉莎：有什么特别的原因让你这样认为呢？

你：嗯，我真的很担心，也许我前份工作相比之下会更好。

伊莉莎：真的吗？

你：在某些方面，是的。

伊莉莎：我明白了。

尽管伊莉莎和体验者说的都是一些没有什么意义的话，然而，伊莉莎被证实非常受欢迎，原因是许多人相信，和他们聊天的对象是一个真正有经验的心理治疗师，而不是一个电脑程序。

政治家们也深谙这个技巧，常常向大众发表模糊的、模棱两可的甚至前后矛盾的言论，因为他们知道选民们会挑自己喜欢的话去听。比如，"我们必须做好准备吸取前车之鉴，鼓足勇气迈向未来；保障工人与组织机构的权益；鼓励公民自力更生，并加以扶持，但不倡导公民依赖国家救济"。就连学术界也不能幸免。在20世纪90年代中期，纽约大学物理学家阿兰·索卡尔认为，在诸多后现代文化研究领域，充斥着大量冗长难解的文章。为了检验自己的理论，他向某学术期刊投了一篇题为《越轨：量子引力新解》的毫无意义的文章，堆砌了许多不相关的参考资料、随意的引证，简直是一派胡言。例如，文章中有一部分内容论证了量子引力有政治含义："迄今为止，还没有如此具备解放性的数学存在，我们只能推测其最终含义。我们能够在模糊不清的系统理论多维非线性逻辑中发现端倪。但是，这种方法仍然带有深刻的后资本主义生产关系危机根源的印记。"该期刊的编辑们未能识破这场闹剧，最终发表了这篇文章。

同样的情形也发生在通灵阅读中。通灵师们的大部分说辞都是含糊不清的，可以有多种解释。比如，当通灵师提到，你在房产方面变迁很大，那么可以理解为：搬家，帮别人搬家，继承了房产，新租了房子，甚至是购买了假日别墅。因为这句话完全没有提到时间，这一变化可能发生在过去，也可能正在发生。客户努力在这句话中寻求与自己相符的含义，他们回顾自己迄今为止的生命历程，并设法找到相匹配的任何事物。这样，他们就会说服自己，灵媒果然灵验，这一趟没有来错。通灵师们一般在通灵阅读开始前就告诉客户，他们不可能提供非常精确的信息，因为整个过程既有点儿像雾里看花，又有点儿像在黑暗中倾听某个声音。然而，填补信息的空隙则是客户自己的事情，就像福克斯博士和伊莉莎所做的一样，他们说的都是一些毫无意义的话，听者却将这些胡言乱语理解为闪耀着智慧光芒的真知灼见。研究员杰弗里·迪恩将这一现象描述为"强求一致效应"，其含义取自希腊神话，神话中的某个人物将客人的四肢切断，以确保客人正好能够躺在他的床上。

当D先生在给客户做通灵阅读时，同样满口都是这样的言论。他告诉丽莎，她与充满爱心的事物相连，她工作的场所有所变化，她生命中的某个人特别难应付，她最近收到了一个小孩子的礼物。最为夸张的是，D先生告诉丽莎，她的哥哥在工作上很成功，并且正考虑加入一个让他获得成就的组织。后一句话可能被理解为，丽莎的哥哥换了工作或新加入了一个专业组织，可能是一个健身房、运动队、私人俱乐部或工会。事实上，丽莎的哥哥最近被邀请加入石匠联盟，所以她就加上了这个注解，认为D先生的话准确无误。当我们在事后采访她时，丽莎对D先生这段评论印象特别深刻，她说，D先生的话隐晦地道出了她哥哥加入石匠联盟这件事。

到目前为止，我们已经探讨了"冷读"的六个心理技巧中的"乌比冈湖效应""达特茅斯印第安人队与普林斯顿老虎队效应""福克斯博士效应"。现在让我们休息一下，稍后再进入"冷读"的第四个心理技巧。我们来做下面一组练习。

实战练习

如何成为一个通灵师

　　现在轮到你来掌握专业通灵师们玩弄别人的技巧，去实施自己的小阴谋了。在开始之前，请先决定好你想展示什么技能，找出话题吸引你试图打动的人。举例来说，如果你认为他们相信手相，就跟他们说，你可以从他们手掌的纹路洞悉他们的人生。如果他们对占星术感兴趣，就告诉他们，你可以根据他们的出生日期知晓他们的过去和未来。如果他们对所有超自然的现象均保持怀疑的态度，那么就要求他画一所房子的图片，以此为基础，作为心灵的读本。

　　接下来，练习以下三种技能。

技能1：奉承

　　他们想听到什么，就先跟他们说什么。看看他们的手掌、出生日期或一所房子的图片，然后说，它反映了一个非常平衡的个性。尽最大努力保持严肃的表情，好似你正在深入地探索，然后告诉他们，他们看起来非常有爱心，负责任，待人十分友好，并具备创造性和礼节。另外，不要忘记提及，他们具有非常坦率的品德，是一个很好的"冷读"读本。

技能2：双面描述

　　如果你描述某种特性以及它的相反面，人们只会将注意力放在对他们有意义的那一面。请通过以下五项主要的性格描述来练习双面描述的技巧。

　　开放性："你非常富有想象力和创意，但在某些时候，不够实际和脚踏实地。"

责任心："在生活中，你是一个非常自律的人，但有时也会享受即兴，有不可预测性。"

外向性："只要你想，你随时都可以变得外向，但有时你会选择用一本好书度过一个美妙的夜晚。"

宜人性："你的朋友觉得你非常和善，但在某些时候，你也会展现出很犀利的一面。"

神经质："虽然你有时感到紧张，缺乏安全感，但一般情况下你还是比较轻松闲适的。"

技能3：保持含糊 ··············

过于具体的陈述，往往容易让人陷入某种尴尬境地，比如："你是不是有个妹妹叫乔安妮，她对粥有一种非理性的恐惧，并且最近买了一辆黄色的二手车？""我想没有。"当然，这样描述也无大碍，但在一般情况下，最好让你的意见显得含糊一点儿。为了解释你表达的含糊概念，你可以告诉人们，你正在试图理清你头脑中闪现的思绪片段和图像，甚至可以要求他们帮你理清头绪。

具体地说，你可以尝试做出这样的陈述："我感觉你经历了一个巨大的改变，也许是将要旅行或工作场所有变动？""你最近收到了某件礼物——钱或具有情感价值的东西？""我感觉你最近正为你的某个家庭成员或亲近的朋友担忧？"同时，还随时做出一些抽象的表述，比如："我看到一个圆形图像正在靠拢——这对你有什么意义吗？""我看到一扇关闭的门——无论多么努力，你都无法打开它。""我可以看到清扫的动作——你正试图从你的生活中删除某事或某人？"

现在，让我们通过钓鱼的例子来继续冷读术的探索之旅。

成为你自己的预言家

第四个心理技巧 •••

"鱼和叉效应"：只在起作用的"钩子"上做文章。

在日常对话中，大多数人都会交流他们的想法和意见。然而，即使一人在说、一人在听，信息也不是单方向地从说话者传递给倾听者，因为对话总是一个双向交流的过程，倾听者也会不断地反馈给说话者：向说话者表明自己听懂了对方的意思，或者边点头边笑着同意道："是这样子"；也有可能表示对语意的困惑，或者带着怀疑的表情摇摇头反对道："你是个傻瓜，请走开。"无论以哪种方式，这样的反馈对于交流的成败都至关重要。

灵媒将这种简单的东西发挥到了极致。在进行通灵阅读时，通灵师或灵媒通常会向你提几个不同的话题，看哪一个话题对你起作用。就像一个优秀的政治家或二手车销售商一样，他们不会表达出心里的真实想法，而是试探性地根据他们收到的反馈来改变他们的话语。这种反馈有许多种不同的形式，他们会留意你是否点头、微笑、在座位上身体前倾或是突然变得很紧张（这是看手相的算命先生热衷于抓着你的手的原因之一），然后见风使舵。这就是"鱼和叉效应"。D先生是此间行家。

人们往往喜欢征询通灵师许多潜在的意见，比如他们的健康、人际关系、旅行计划、职业以及资产情况。D先生曾通过塔罗牌，提到以上话题并暗中观察丽莎的反应。当D先生提到她可能有一些疼痛和痛苦时，她并没有真正响应；当提到她的事业问题时，也没有得到她太多回应；当提到旅行时，丽莎更是无动于衷。最后，他提到了丽莎的情感生活，就在那一刻，丽莎整个神情都变了，整个人都显得很沉重，D先生马上就知道了她关心的是什么事，并开始深度挖掘。他看着丽莎手掌上的纹路，脑海中灵光闪现，说他不能肯定它是否反映她某个家庭成员的死亡或是一段破碎的关系，当提到死亡时丽莎完全没有反应，但当他提到破碎的关系时，她很快地点点头，D先生不露痕迹地记住了她的响应，继续为丽莎做通灵阅读。大约十几分钟过后，他拾起另一张塔罗牌，满怀信心地宣布，这张塔罗牌表明她最近和爱人的关系破裂了，丽莎霎时惊呆了。

实战练习

看相识人

除了使用本章所描述的技巧，有的冷读通灵师还说，他们的直觉帮助他们对客户信息做出了非常准确的判断。如何解释这些神奇的直觉？你能够看相识人吗？

几年前，斯特灵大学的安东尼·里特尔和圣安德鲁斯大学的大卫·佩瑞特两位心理学家开始了一项极具吸引力的研究课题：人类面部与性格的关系。将近200人填写了调查问卷，问题涉及五大方面（即先前提到的开放性、责任心、外向性、宜人性和神经质）。在每个方面中得分最高和最低的人被拍下相片，并通过电脑程序将相片进行合成，形成四组图：低得分女性、高得分女性、低得分男性和高得分男性。这个心理技巧的原理也很简单。设想一下两个人的肖像照片，二者都是浓眉大眼，但是其中一个人的鼻子小，另一个人的鼻子大。为了合成二者的面部，研究者把两张相片扫描进电脑，缩小光线差异，调整图像，确保主要面部特征——如嘴角和眼睛——大致在相同位置上，然后将一张图像叠加在另一张上，进行折中合成。如果两张图像均是浓眉大眼，后期合成图也会呈现出这些特征。而如果一个鼻子小、一个鼻子大，那么最终的图像呈现的将是中等大小的鼻子。

　　研究小组将这些合成图分发给另一组的40个人，让他们针对不同的面部进行五大性格的评分。很明显，他们的评分相当精准。例如，评分者们看到开放性高的人的面部合成图会认为他们很外向，看到责任感强的人的合成图会认定他们值得依靠，等等。简而言之，你的性格在某种程度上都能在你脸上找到蛛丝马迹。

　　我曾经用这些女性的合成图做过一次耗时短又有趣的实验，通过实验你就可以知道自己看相识人的水平到底有多高了。只要回答下面五个问题即可：

1. A和B谁更友善？

A　　　　　B

2. A和B谁更可靠？

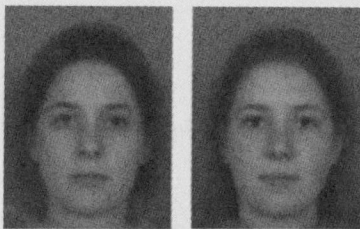

A　　　　　B

3. A和B谁更外向?

A　　　　B

4. A和B谁看上去更焦虑?

A　　　　B

5. A和B谁看上去更具想象力?

A　　　　B

　　这五道问题的正确答案都是A。你的选择又是什么呢? 如果这几道题你都答对了,那么你就可以相信你对他人的直觉了。如果你答错了,那么就放弃你的第六感吧，尤其是当你在给一个人下判断时最好找出更多的依据。

　　当我发掘通灵师的第五个秘密时，发掘得越深入，我越有一种感觉：你是这种人，你愿意让你的心来主宰你的思想，可你总是容易冲动而被假象迷惑。但是，请放心，你不是唯一的一个。

第五个心理技巧　　　　　　　　　　　　　　● ● ●

独特性错觉：每个人都认为自己独一无二。

　　在此之前，我请你做过两个简单的心理测试。第一个测试是怎样在一个沙坑里找到埋有宝藏的地点，另一个测试是想象两个几何图形，其中一个图形必须包含在另一个里面。这两个测试对于发掘冷读术的第五个秘诀相当重要。

　　我曾邀请过数百人来完成这两项任务。尽管你可能期望人们在沙坑里随机选择多个地点进行挖掘，但绝大多数人选择在同一个位置向下挖掘。

　　当谈到两个几何图形时，大多数人会想到一个三角形，里面带着一个圆圈，或是一个圆圈里面有一个三角形。然而，自我本位偏见使你坚信你比普通人更具幽默感、比普通司机的技术更娴熟，也使你认为自己是独一无二的人。但真相是我们有惊人的相似之处，因此我们的心理都是有迹可循、预测可得的。

　　灵媒运用自我本位偏见的心理给人造成他拥有知晓人性和过去的

超自然能力。D先生曾说过，许多通灵师一直在炫耀自己的读心术，声称他们可以在公众场合做出保证，保证其描述的与客户真实情况十分吻合。比如，他们可能会说，你的左膝上有一个疤痕（左膝上有疤痕的人占总人口的三分之一），你拥有一张亨德尔水上音乐的唱片（约有三分之一的人拥有此唱片），你的家族成员中有一个人名叫"杰克"（五分之一的人的确如此），你有一把不知道开启什么锁的钥匙放在衣橱里，你有一双再也不会穿的鞋，等等。D先生根据自己多年的经验，屡试不爽，包括他告诉丽莎，他能看到有人特别需要接受医疗看护，但因为他们总是不停地把自己的药品扔进水槽里，所以很难照料，然后没有留下遗嘱就去世了，而他们还有一摞躺在抽屉里的照片被保存了下来。每个人都认为自己是独一无二的，这些描述对他适用，对其他人则未必适用，所以他对这些描述留下了深刻的印象。

现在是时候探讨通灵阅读的最后一个原则了。在我开始之前，让我最后再做一个推断：你根据封面的颜色来整理你的书，你最近在里斯本待了三天。没有吗？没关系，请继续往下看。

第六个心理技巧　　•••

把心理柠檬变成柠檬水：用喻意对具体话语进行开脱。

在爱丁堡大学做通灵阅读时，没有一个参与者公开指出D先生的言论有误。但是，也确实出现过这样的情况：通灵师声称有灵媒"不在家"的时候，以掩盖他们明显的失败，但最常见的掩饰方式，还是扩大已经被认为有误的说辞的覆盖面。例如："我可以感觉到有人名叫简，当然也可能是发音相似的琼或是吉姆，不管怎样，可以肯定的是有一个

J 开头。类似以 K 开头的，或是叫卡伦，或是叫凯特？"

有的通灵师采取一种给参与者设置难题的方式来自我开脱，比如"让他们好好想想，最好是回去向家人求证一下是不是有这种情况"。还有一种开脱方式是"我只是打一个比方"，很明显，这种方式非常低级。D先生告诉我，他曾经在一个海边的小镇给人算命。有一个叫乔治的男人请他算命。他看着乔治的脸和穿着，已经猜到他大部分时间在户外活动，并很有可能在船上工作。D先生看了看手里的塔罗牌，说他可以看到乔治在一个港口站立着，等待一艘船的抵达，乔治流露出失望的神色，摇摇头。乔治说他一直在农场工作，他不喜欢大海。这是一个巨大的失误。于是很快，D先生解释说，不要仅从字面上来理解他的话，他说的只是一个比喻，他说船表示乔治的人生新方向，而乔治对他人生的改变感到紧张。乔治的脸立刻亮了起来，说，是的，他最近结婚了，希望能顺利与另一半分享人生。果不其然，通灵柠檬在眨眼之间变成了柠檬水。

实战练习

如何看穿陌生人

刚才我们学习了通灵阅读必不可少的三种技巧：奉承、双面描述和保持含糊。现在是时候学习如何使用另外三种技巧了，这对通灵阅读陌生人至关重要。

技巧4：鱼和叉

对于通灵师来说，最重要的是涉及的话题一定要广泛，并根据对方的反应做出相应的调整。如果你的评论让对方面无表情，那么立刻收起你的话并转向另一个话题。如果你的话题得到了点头或者微笑的响应，那么就继续深入。许多通灵阅读手册建议从几个关键的话题着手，比如一位作家推荐使用以下几个话题：旅游（Travel）、健康（Health）、期望（Expectations about the future）、性别（Sex）、职业（Career）、志向（Ambitions）、金钱（Money），并将这几个话题的英文首字母组合到一起，正好就是"诈骗"（THE SCAM），让人记忆犹新。

技巧5：可能性猜测

尽量使用对很多人都有效的说辞，比如说："我能看见你在学校取得某项东西，也许是得到一个奖项，你仍能记得当时老师叫了你的名字，你感到万分骄傲。""当你还是一个孩子时，曾有过一段特别尴尬的经历，即使到了今天，你还时不时想起。""为什么我能看见蓝色或紫色？你在想购买这种颜色的东西吗，或者你刚刚买了？""那个老妇人是谁？我看见她穿着黑色礼服，正在抱怨她的腿。"或者说："在两年前，你有一个重大的转变？"此外，许多心理手册提醒读者，人们因为生活环境的不同，关注问题的类型也是不一样的。青少年和20岁出头的人倾向于尝试探索不同的身份和性关系；而25岁到35岁的人通常有一种稳定感，他们更关注职业、财务以及安家的问题；35岁至45岁的人常常担心父母的健康和如何养育小孩的问题；那些年龄在45岁以上的人，往往更关注自己的健康问题和如何维持波澜不惊的感情，当然还有调皮的孙辈。

技巧6：准备"失灵"

请记住，你不能失败。如果有人不相信你的话，那么你就该准备两个安全锦囊。首先，拓宽你的意见。你可以将话题扩大到过去和未来——这个事情也许发生在他们的童年，或者可能发生在不久的将来。其次，进行抽象解释。例如，当你说到一个"假期"，你说你实际上指的是某种形式的重大改变；当你谈论"医院"时，你说其实你是想说有人会来照顾他。最后，如果你所说的话对他们管用，就尽可能让你的陈述更加理所当然、不容置疑，他们就会觉得自己像一个才疏学浅的傻瓜。你也许会觉得很幽默，但事情就是这样。

最后，如果这些都失败了，那就用下面这些细枝末节来为自己开脱吧！

1. 他们的衣服略显小或大吗？他们的皮带看上去怎样？皮带孔周围是否有磨损？这些情况是不是表明他们最近长胖或瘦了一点儿？

2. 他们的形体姿态是否能表明他们具有从军或舞蹈背景，又或许他整天面对着电脑？

3. 仔细看他们的皮肤和眼睛。干燥的肌肤、呆滞的眼神，是健康状况出现问题的可靠依据。

4. 看看他们的手和手指。长满老茧的手证明他是一个体力劳动者，一只手留有长指甲表明他可能是个弹吉他的人。焦油染色的手指表明他是个烟鬼，如果手指上有一个明显的戒指留下的环形痕迹，那么很可能，他最近和爱人关系破裂。

6. 与他们握手。握手的力度太弱或者手有些颤抖，证明他有点儿焦虑，此外，一双异常寒冷的手表明他的血液循环出现了问题或者他正在吃药。

7. 他们的鞋子是那种实用型的还是时尚型的？这也许能说明他们喜欢参加运动，或者不喜欢。另外，夸张的大型鞋子表明他们在马戏团工作。

你也能获得"超能力"

D先生揭开了通灵产业的神秘面纱，让我们明白了做通灵阅读，不一定要参加什么心理培训课程或通灵课程，只要你深谙"奉承""双面描述""模棱两可""鱼和叉""可能性猜测""准备'失灵'"，就可以了。如果你认为D先生是唯一从事弄虚作假事业的人，这听上去让人还算安慰，那么你错了。事实上，有一个完整的地下产业致力于看相算命。比如产业教科书《兑现你的心理》（*Cashing in on the Psychic*）、《算命赚钱方法》（*Money Making Cold Reading*）和《红热通灵阅读》（*Read Hot Cold Readings*）被广泛应用；互动教程DVD、培训课程和相关的产业条例被用来愚弄大众。

这是否意味着所有的通灵师和灵媒都是骗人的呢？不，因为更多时候通灵师和灵媒只是在使用这些技巧，并没有觉得内心不安。我们通过对通灵阅读的分析，解释了为什么通灵师的超能力无法通过科学检测。如果将通灵师和他们的客户隔离，他们则无法从客户的穿着和行为中获取信息，必然导致失败；如果让多个客户同时参与，他们依然无法获取清晰的信息，也必然导致失败。总之，当通灵师们所谓的高命中率的幌子轰然倒下，事实摆在眼前：他们的成功是心理学一个迷人的应用，而不是存在什么超自然。现在你知道了所有"内幕"，那么当你看到电视上演这些戏时一定是另一番感受，如同一个音乐爱好者懂得欣赏莫扎特和贝多芬的细微差别，你可以听出通灵师采取了心理捕鱼、拓宽话题和让客户帮他们完成任务等技巧，就当欣赏了一场音乐会吧！

怪诞心理学 / 2

不可思议的心理操控

第二章

灵魂出窍：大脑骗人
就这么简单

本章中，我们将结识拍到灵魂的科学家，并用橡胶假手演绎一番灵魂出窍。还会一起体验灵魂出窍的快感，让你知道正是大脑在决定你身处何方。

　　我记得这一切，仿佛就发生在昨天。我因为要做一个小手术住进了医院，正当我迷迷糊糊进入梦乡时，奇怪的事情发生了。我感觉自己慢慢从床上升腾起来，飘浮到天花板，我转过头，看到自己的身体在床上呼呼大睡。可是几秒钟过后，我飞出了门，沿着医院走廊呼啸而过，最终降落在一个手术室。我看见做手术的医生铆足了劲儿正要打开一瓶番茄酱……

　　讲到这里，我的故事无法再讲下去了。不是因为这是一个特别痛苦的记忆，而是瞎编整个故事让我无地自容。我从未有过这样的经验。对不起，浪费你的时间了。多年以来，我受够了听别人描述自己飞离身体的奇特经历，我就当是一次宣泄，在宣泄中创作了自己的出体经验。

　　虽然是我虚构的出体经验，却包含了"真正"的出体经验的所有相关元素。在这些事件中，我感觉离开了自己的身体，飞出去到处逛，并确信可以看到只有在飞行中才能看到的事物。许多人甚至还说他们在飞行时可以看到自己的身体，有的人对此做了一个怪异的比喻，说是有一根"星体线"将他们和他们的肉身相连。多么神奇而又荒谬啊！调查表明，地球上10%～20%的人有过出体经验，他们中大多数人有的是在非常放松的情况下，有的是在麻醉的状态下，还有的是在感官被剥夺的情形下体验的，比如身处一个飞艇里（"冲上云霄"这个词仿佛有了新的意义）。如果一个人在生命垂危时发生出体现象，可能会被描绘成沿着一条隧道飘浮，看到强烈的光线或遭遇一种巨大的宁静，这些往往也被称作"濒死体验"。据绝大多数有过此类经验的人说，这些体验对他们非常有利，因为这给他们的生活带来了积极的影响。

如何解释这些奇怪的现象呢？是因为人的灵魂真的从他们的身体飘走了吗？还是因为在轻盈的片刻，我们的大脑跟我们玩了个把戏？如果是这样的话，我们的灵魂平时究竟在哪里呢？

早期尝试解答这些问题的人是一组奇怪的科学家，他们联合起来，在寻找奇异灵魂之旅中，不畏与死神同行。

第一个拍到灵魂的珠宝商

1861年，波士顿珠宝商兼敏锐的业余摄影师威廉·莫拉惊讶地发现：当他把他的自我肖像摄影从冲洗盘里拿出来时，他看到一个怪异的年轻女人在他身边飘浮着，就好像幽灵一样。可以肯定，拍摄这张照片时没有其他人在旁边。莫拉把它归结为双重曝光的结果。然而，当他把照片拿给朋友看时，朋友都说照片中多出来的女人轮廓和莫拉已经去世的表妹非常相似。莫拉于是开始相信，他确实拍摄到了灵魂。莫拉的照片迅速成为头版新闻。许多记者非但没有采取怀疑的态度，反而大肆宣传，说这是人类历史上第一张拍摄到鬼魂的照片。

莫拉嗅到了商机，他马上关闭了他的珠宝店，开始作为世界上第一个灵魂摄影师开展工作。他非常努力地工作，确保亡灵们一定会在他的照片中出现，很快，一呼百应，很多人都慕名前来找他拍照。然而，在他风光了几年之后，麻烦来了。几个眼尖的顾客发现照片中的亡灵和排在他们前面拍照的顾客很像。还有人爆料，莫拉曾偷偷闯进他们的房子，偷走已逝者的照片，用来制作亡灵的图像。证据很快越堆越高，莫拉最终以欺诈罪被告上了法庭，当时的审判情形可谓盛况空前，因为涉及许多著名的证人。虽然欺诈罪没有成立，但莫拉的名誉可以说是彻底毁了，他从此再也没有从巨额的律师费中翻身，并于1884年在贫困中死去。

　　具有讽刺意味的是，亡灵摄影的概念让莫拉"永垂不朽"。新潮流的积极倡导者，法国研究者伊波利特·巴拉杜克医生，便在这个主题上进行了非同凡响的探索。众所周知，我们印象中所谓的亡灵大都和活着的人很相像，原因是他们不想马上与这个世界阴阳相隔。巴拉杜克认为，那些亡灵是在用灵异的力量在照片上显形。受这个想法的启发，巴拉杜克开展了一系列研究，其中之一就是让人拿着底片，并专注看图像，当一些底片出现奇怪的斑点或形状时，巴拉杜克马上赶去巴黎医学协会，宣布他的最新发现。

　　有人认为，照片上的斑点和形状只是摄影的瑕疵而已，然而巴拉杜克完全不理会这些评论，一头扎进探索其他形式的亡灵摄影试验中。尽管他对主流的亡灵摄影观点持怀疑态度，但他从未放弃从死去不久的人身上捕捉亡者灵魂。1907年，他19岁的儿子因食物中毒死去，这给他提供了第一次拍摄刚刚死去的人的机会。巴拉杜克作为一个慈父，又身为一个具有献身精神的科学家，在儿子死去几个小时之后，用相机拍下了儿子的尸体和棺材，然后仔细地观察照片，看能否找到亡灵的蛛丝马迹。结果令人震惊，照片上出现了一个形状模糊、缥缈又像波浪的介

灵魂出窍：大脑骗人就这么简单

质，以强大的力量向各个方向散发光亮。忽视因操作不当或者由心生幻觉引起的结果，巴拉杜克认为，这可能就是灵魂的雏形，但又如何证明他的认识是正确的呢？他没有等待太久。

在儿子死后仅仅六个月，巴拉杜克的妻子患了重病，生命垂危。一心想充分利用这个机会的巴拉杜克，早早做好了准备。他在妻子的床边安装好了摄影设备，耐心地等待。他的妻子在离开人世前叹了三口气，巴拉杜克在其中一次叹气时，给妻子拍下了照片。拍照瞬间，三个明亮的白色球形图案浮现在巴拉杜克夫人的照片上。巴拉杜克几乎有点儿按捺不住兴奋，于是，他在妻子死后15分钟和一个小时的时候，分别对着她的尸体照了相。照片显示，这三个神秘的球形图案在第二张照片中以另一种排列形式出现，而在第三张照片中，三个球形聚合成了一个大的球形。

巴拉杜克通过比较这些照片，确信自己拍摄到了灵魂。遗憾的是，并没有人相信他的结论。梅尔·威灵在他最近出版的书《影像中的幽灵》（Ghosts Caught on Film）中评论说，有专业的摄影师指出，这种效果可能是相机镜头背后波纹管中的微小针孔造成的。

巴拉杜克不是唯一一个试图捕捉垂死的人或者逝者灵魂的科学家。20世纪末，美国医生邓肯·麦克杜格尔也进行了同样骇人听闻的研究。他访问了当地几家福利院，然后挑了几个垂死的病人（一个患肺结核，一个患糖尿病，另一个病情不详）。在他们行将就木之时，麦克杜格尔迅速把他们的床推到工业用的秤上，直到他们咽下最后一口气。麦克杜格尔精确地记录了病人弥留之际的体重变化，并生动地描述了该项任务的困难程度。

他的记录是这样写的：

"病人由于呼吸和汗液的水分在蒸发，体重以每小时1盎司的速度在缓慢递减。在3小时40分钟的时间里，我一直将梁端设置得略高于平衡杆的上限，好让在死亡降临的那一刻测量的结果更精确。3小时40分钟的最后一秒，病人突然去世。梁端重重地掉到下方的平衡杆上，发出响声，没有反弹。刻度在那一刻显示，重量减少了3/4盎司。"

接下来，另外五个病人也相继去世，麦克杜格尔分别记录了他们死去那一刻体重的变化。然后，他非常自豪地宣布，人类灵魂的重量为21克。他的研究结果可能为他在人类历史上保留了一席之地。更重要的是，他的这个发现，给2003年西恩·潘和娜奥米·沃茨主演的好莱坞大片提供了名字。

在他以后的研究中，他又让15只狗躺到了秤上，发现狗在死后的体重没有减轻。于是他认为，这印证了他的宗教理念，动物没有灵魂。

当麦克杜格尔的实验结果在1907年的《纽约时报》刊登后，他的同僚克拉克对此大做文章。克拉克说，人在死亡时，由于肺部不再工作，空气不能进入体内起到冷却作用，因而血液温度居高不下，出现体温突然上升的情况，那么麦克杜格尔所谓的减少的21克就很好解释了。克拉克还解释说，狗没有汗腺（因此不需喘气），所以狗在死后的体重没有发生变化也不奇怪。结果，麦克杜格尔的研究随后被放在了科学猎奇的研究资料当中，并被打上标签："基本不可能"。

几年后，美国研究员R.A.沃特斯博士对五只蚱蜢、三只青蛙和两只老鼠进行了几次著名的实验。1894年，苏格兰物理学家查尔斯·威尔逊在本尼维斯山考察时，发现了一个"宝光"。当发生这个惊人的光学效应时，太阳正照射着登山者的背影，照进了一个迷雾笼罩的山岭，形成了一个大型的登山者的影子；当阳光穿透雾中的水滴时，衍射出彩色的光环，包围着这个巨大的身影。这个奇妙的景象激起了威尔逊的好奇心，他制造了一种检测电离辐射的设备，称为云室。威尔逊的云室由一个密封的玻璃容器组成，里面装满了水蒸气。当α粒子与β粒子组成的气体相互作用时，就会产生电离效应，形成可视的痕迹，使得研究人员可以追踪粒子的移动轨迹。

这种现象被称作云室潜能。云室潜能让沃特斯着迷。20世纪30年代初，他推测，灵魂可能有一个"内部原子的质量"，如果将一个活的有机体放到威尔逊的设备中，让它在云室中死亡，那么灵魂就有可能被看见。沃特斯没有采取巴拉杜克对家庭成员进行研究的方法，也不像麦克杜格尔那样怀疑动物的灵魂，而是给各种小动物（包括蚱蜢、青蛙和老鼠）注射了足以致死的麻醉剂，然后迅速把它们放进被他改良的云室。结果照片上显示，这些可怜的小动物身上确实飘浮着云状的形体，更让沃特斯激动的是，这些形体和动物本身相像。看上去，他不仅证明了一种精神形式的存在，同时还证明了——青蛙的灵魂长得和青蛙相像。他的这些照片至今保存在剑桥的精神生存空间研究协会的档案中，但说服力甚微。虽然照片中确实有类似一片白雾的水汽，但把这些水汽形状说成像动物的形体，那只有极富想象力的人才看得出来。这再一次印证了心之所向便可见的道理。

沃特斯的问题不仅仅出在那些模糊的水汽斑点上。有评论家指出沃特斯对实验仪器的说明不够详细，因而不可能正确地评估其所谓的伟大发现；还有人则认为这些图像可能是他未能除去云室的尘埃所造成的。最后给沃特斯盖棺论定的是物理教师B.J.霍普，他不声不响地专门建造了一座云室，杀死了几只小动物来验证沃特斯的实验，结果他拍摄的照片没有发现任何灵魂的影子。

可以说，对寻找灵魂的实物证据的尝试乏善可陈。再回过头来说，巴拉杜克的神秘白色球体图形，很可能是由相机波纹管的微小孔洞造成的；麦克杜格尔的死亡实现——"减少21克"，可能是血液冷却特质改变的结果；而沃特斯的动物灵魂照片可以解释为灰尘和一厢情愿的组合。鉴于这一系列了不起的失败，科学家们将注意力迅速从为濒临死亡的人、动物拍照称重上转移，另辟蹊径，继续探索灵魂。不过在此之前，我们有必要提到一个不可思议的女人。

🔔 一个不可思议的女人

如果你翻阅新时代关于出体经验及临死体验的书，你会很快看到玛丽亚和破旧网球鞋的故事。

1977年4月，华盛顿州一个名叫玛丽亚的工薪职员突发心脏病，被送往港湾医疗中心治疗。三天后，玛丽亚心脏骤停，但很快复苏。后来她对照顾她的社工金佰利·克拉克说，在她心脏骤停期间，发生了非常奇怪的事情。

玛丽亚经历的是非常典型的出体体验。正当医务人员竭尽全力挽救她的生命时，她却发现自己飘浮在身体之外，还看到记录了自己生命体征的图表从监测仪中喷涌而出。几分钟后，她发现自己飞离了医院，看到医院周围的马路、停车场和建筑物的轮廓。

玛丽亚告诉克拉克，她看到了她躺在床上不可能看到的信息，比如急救科的入口是什么样子，医院周围的马路情况。尽管这些信息都是正确的，但克拉克一开始还是持怀疑态度，认为玛丽亚被送进医院时，不知不觉地记住了这些信息。然而，玛丽亚说出的下一个信息，使克拉克的观点开始动摇了。

玛丽亚说，在她的飞行过程中，她飘到了医院大楼的北侧，三楼

正当医务人员竭尽全力挽救她的生命时，她却发现自己飘浮在身体之外。几分钟后，她发现自己飞离了医院，看到医院周围的马路、停车场和建筑物的轮廓。

窗台外侧一个奇怪的物体引起了她的注意。她用意念的力量将该物体放大，结果发现，那是一双磨破了的网球鞋，鞋带塞在鞋的后跟处。玛丽亚请求克拉克到三楼去帮她确认一下。

克拉克先是走到楼外，环顾四周，看不出任何异常，然后，她走到三楼北侧的房间，向窗外巡视。因为窗户很窄，她必须将脸紧贴在窗玻璃上才能看到窗台外侧。克拉克的脸蛋儿和玻璃亲密接触多次后，令人震惊的事情发生了，确实有一双破旧的网球鞋出现在她的视野里。

相信者的"网球局"开始，15：0。

克拉克将手伸到窗外，拿起鞋子，仔细察看，发现它确实破旧不堪，鞋带被塞在鞋的后跟处。

相信者的"网球局"，30：0。

此外，克拉克还发现，鞋带的位置只有从建筑物外面的视角才能看到。

相信者的"网球局"，40：0。

1985年，克拉克把玛丽亚的非凡故事公开。自此，这个故事被无数图书、杂志和网站转载，并把它作为灵魂可以离开身体的"铁证"。

1996年，来自加拿大西蒙弗雷泽大学的科学家海登·艾伯恩、肖恩·马利根和巴里·贝叶斯腾，对此事感到怀疑，决定调查这个故事的真伪。他们中的两人特地访问了海湾医疗中心，找到克拉克，锁定了当时放置网球鞋的窗台，再放上自己的跑鞋，关好窗户，然后退后站立。和克拉克的描述不同的是，他们并不需要将脸紧贴住玻璃就能看到那双鞋。事实上，鞋子在房间里很容易看到，甚至躺在病床上的病人也可以看到。

怀疑者的得分，40：15。

接下来，怀疑者们在楼外走了走，从地面往上看，出乎意料地发现，他们的实验跑鞋非常容易被看到。一周后，他们重返这家医院，发现他们的实验跑鞋已经被挪动了，这进一步推翻了鞋子在那个位置难以被发现的陈述。

怀疑者的得分，40 : 30。

艾伯恩、马利根、贝叶斯腾认为，玛丽亚在这家医院的三天里，可能在半昏迷或半睡半醒的状态下听到有人在谈论这双鞋子的事，然后把它纳入到自己的出体经验中。他们还指出，直到事件发生后的第七年，克拉克才公布此事，这很可能不经意间夸大了很多细节。考虑到主要信息已经不合理，他们三人觉得没有理由再去相信其他描述，比如玛丽亚说的鞋子的破旧程度以及鞋带所藏匿的位置。

比分变成40平。

在医院里的短短几个小时，玛丽亚著名的出体经验被证明完全不是那么回事。尽管这样，这个故事已经被无休止地转述了，那些转述的作者要么懒得去核对事实，要么不愿意向读者呈现故事可疑的一面。那些相信灵魂存在的人，还需要继续寻找更有力的证据。

重新开局！

实战练习
快速可视化练习

训练时间又到了，这次是一个简单的、分为两部分的测试。这两个部分都需要你在这本书上填写。你可能不大情愿特意去找支笔，不过有三个重要的理由需要你这么做。首先，在本章会出现一些数字，好记性不如烂笔头，还是请你先用笔记下来。其次，如果你在一家书店看书，不经意间在书上做了一个记录，那么这会促使你出于良心把书买下来。最后，如果你已经买下这本书，因为书上有涂写的痕迹，那么在易趣的二手书市场卖个好价钱就没戏了。好吧，让我们开始练习吧！

第一部分 ·······

看看你的周围。不论你是在家，还是躺在公园的草地上或坐在公共汽车上，不论在哪儿，请看看你的周围。现在想象一下，你灵魂出窍，飞出体外，在自己的身体大约6英尺以外的地方往下看，记住你的四周，包括自己的身体，将这些画面定格在你的脑海中，然后给这些画面的清晰度打分，请在1到7之间选择一个数字，包括1和7，1分代表基本上看不清楚，7分表示非常清晰。请用永久性的蓝色或黑色墨水在下面的横线处填写。

您的评价：_____

现在，请再看看你实际的周围，再次想象你飞到自己的身体上方。接下来，切换到实际位置，再切换到你停留在空中的位置。现在，请给这两次切换过程的难易程度打分，从1到7，1代表有点儿棘手，7代表相当容易。再次嘱咐，请在以下横线处填写相应的数字。

您的评价：_____

第二部分 ·······

请评价下面的描述在多大程度上是你的写照，请用1到5的数字给每句描述打分，1表示"这绝不是我"，5表示"哇，你好像认识我很多年了"。

评分（1–5）

1. 看电影时，我总感觉身临其境。　　　　　　　　　　（　）

2. 往事对于我总是历历在目，就好像昨日重现。　　　　（　）

3. 我可以完全沉浸在音乐当中，忘乎所以。　　　　　　（　）

4. 我认为鼬鼠工作得相当辛苦。　　　　　　　　　　　（　）

5. 我喜欢看云，并在其中发现各种形状和面孔。　　　　（　）

6. 我经常会沉迷于一本书，忘记时间的流逝。　　　　　（　）

非常感谢你完成了测试，稍后再公布答案。

灵魂真能脱离身体吗

　　臭名昭著的破网球鞋事件并未成为人可以灵魂出窍的有力证据。更糟糕的是，一些研究者浪费了大量的时间和精力在缜密的实验上，到头来却是竹篮打水一场空。超心理学家卡里斯·奥西斯测试了上百个声称灵魂可以随意离开自己身体的人，他要求这些人飞离自己的身体到一间较远的屋子，确认屋子里事先摆好的图片（图片是随机抽选的）。绝大多数参与者非常自信地说出了图片上的内容，可当他们完成了出体飞行后，从总体结果来看，他们说对的比率和随机猜中的比率相差无几。夏洛茨维尔的弗吉尼亚大学研究员约翰·帕尔和他的同事也在利用各种放松方式，训练人们灵魂出窍的技能。当他们的受训者们发生了灵魂出体现象时，他们就让这些人去确认一个非常遥远的目标。这一系列的实验涉及150个参与者，可惜的是，实验以失败告终，他们没有发现任何特异功能存在的可靠证据。

　　简而言之，100多年来，科学家们寻找灵魂的尝试均告失败。这些尝试包括，巴拉杜克试图拍摄自己死去的儿子和妻子的灵魂，麦克杜格尔为灵魂称重，沃特斯在实验中杀死几只蝗虫，最后得到的证据并没有如愿产生并累积。虽然这些尝试都失败了，但并没有令研究者退缩。之后，研究者改变策略，集中精力研究出体经验。然而，最著名的出体经验传闻被证实不可信，针对成百上千的灵魂出窍者的测试，也找不到有力证据来证明灵魂可以离开身体。

　　这些针对出体经验的实验，已经不能满足人们的好奇心。随后，研究者们从一个全新的角度出发，不仅揭开了出体经验的神秘面纱，还发现了人类大脑的隐秘运作原理。

　　有一个老掉牙的来自哲学系的玩笑，说一个男人试图在大学的哲学系找到一个特定的房间，结果迷路了，只好研究起大楼的指示图来。在指示图上，他看到一个大大的红色箭头指向某个走廊，箭头上写着：你在这儿吗？这句话不是什么恶作剧，而是给了我们一个重要的启示，即你如何确定你是在这个地方呢？或者，用哲学语言来说，即你如何知道你就在你的身体里呢？

　　无论从哪个角度来看，这个问题都有点儿奇怪。毕竟，我们不都是在体内吗？然而，这个问题具有非常高深的内涵。对于这个问题，最伟大的见解来自一个具有突破性的实验，你甚至可以在家里进行这个实验，只要你同时具备一张大咖啡桌、一本大书、一块毛巾、一只橡胶假手和一个思想开放的朋友。

　　首先，坐在桌旁，将双臂放在桌面上；然后，将你的右臂向右侧移动大约6英寸，并在您的右臂刚刚移开的位置放上一只橡胶假手（将这只橡胶手看作你的右手——如果你是左撇子，在演示中也可换为使用左手）。

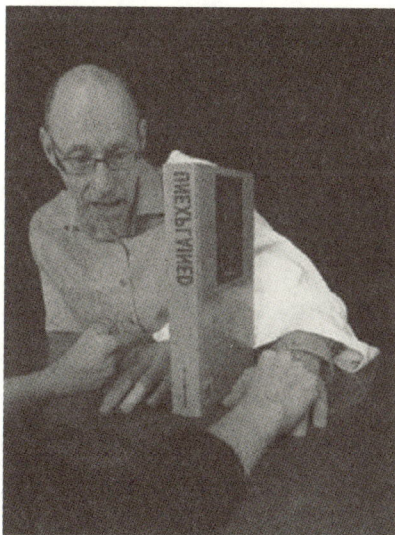

橡胶假手实验初始姿
势图

<<<

现在，将书竖立在你的右臂和橡胶手之间，并确保你不会看到你的右臂，再用一块毛巾覆盖你的右手和橡胶手之间余下的空隙。（如下面照片所示）

橡胶假手实验正在进行

<<<

看到照片中那位先生的惊讶表情，我们便可相信这次经历对他产生了多么大的心理影响。

最后，让你思想开放的朋友坐到你的对面，用他的食指在同一个位置轻轻触碰你的右手和橡胶手。大约1分钟过后，你会开始感觉，橡胶手是你身体的一部分。这种感觉非常有趣，尤其对你隐藏的真实手臂而言。研究者们用仪器监测到，当人们在实验过程中相信橡胶手是自己身体的一部分时，自己隐藏的真实手臂的皮肤表面温度会降低半度，这就好似大脑切断了对隐藏手臂的血液供应一样，使得大脑在那一瞬间已经不再认为它是身体的一部分。

这是一个强大的幻觉。维兰努亚·拉玛钱德朗进行了类似的实验，并将实验过程记录在《大脑中的幻影》（*Phantoms in the Brain*）一书中。在实验中，维兰努亚·拉玛钱德朗让人们将左手放到桌子下面，另外请一名参与者在同一时间轻轻触碰隐藏在桌子下面的手和桌子。此时，他们的自我意识发生了改变，有50%的人认为，木质桌子变成了身体的一部分。

在解释究竟发生了什么事之前，让我们来看一个简单的比喻。请想象一下，你在一个陌生的城市里闲逛，突然发现自己迷路了。唯一的办法是去找路标。在许多方面，你的大脑会遇到同样的情形，而它不得不依赖路标一样的东西，即你的感官意识。

大多数时候，这个实验都能成功。这是因为你的大脑看到了你的手臂，又感觉到了来自指尖的触碰，就认为"你"存在于这只手臂当中。可是，就好比人们有时会弄错路标、指向相反的方向一样，你的大脑可能也会发生混乱。橡胶手实验就是最好的例子。在这个实验当中，你的大脑感觉到你的右手被触碰，也看到假手和木质桌子同样被触碰，就认为"你"也存在于橡胶假手和桌子之中，因而产生和这一感觉相连贯的自我意识。简单地说，"你在哪里"这个自我意识并不是固定在你的大脑中；相反，它是大脑利用收集到的感官信息做出的合理猜测。因此，"你"在你身体里的自我意识是可以在瞬间改变的。

拉玛钱德朗的工作具有重要的实践和理论意义，大多数接受过截肢手术的人不断地忍受着幻肢症所带来的极度痛楚。他怀疑，痛楚的部分原因在于迷失方向感的大脑源源不断地向被截掉的肢端发出指令，却得不到肢体的动态回应。为了检验这个理论正确与否，拉玛钱德朗和他的同事们对一组手臂截肢者进行了一次不同寻常的实验。他们造了一个2英尺见方的硬纸盒——顶部和前面是开放的，并将一块镜子垂直竖在纸盒的中央，把纸盒分成两个空间。每位截肢者将手臂放进其中一个空间任意摆动，以观察反射的镜像。在截肢者看来，他们似乎能看到已截掉的手臂和正常的那只手臂同时存在。之后，截肢者被要求用"双手"同时做一个简单的动作，比如握拳、活动手指。简而言之，拉玛钱德朗的盒子使他们产生了以为自己的截肢能够活动的幻觉。令人吃惊的是，大部分参与实验的截肢者认为自己的幻肢症疼痛感减轻了，更有甚者想要把这个神奇的盒子带回家。

用这个原理，我们可以解释人们为何会误以为一部分自我存在于橡胶假手和桌子里，那么是否可以用同样的原理解释人们的灵魂出窍呢？瑞士洛桑联邦理工学院神经学家比格纳·伦格哈格决定一探究竟。

如果你有幸参与伦格哈格的实验，你会被带到她的实验室，并被要求站在房间中间，戴上一个虚拟的护目镜。然后，一位研究人员把一个摄像头放在你身后几英尺的地方，摄影头会把画面输送到你的护目镜中去，让你看到一个站在自己前方几英尺外的背影。接着，一根模拟木棒将会出现在镜头里，并缓慢地敲打你看到的模拟后背。在同一时间，研究人员还会悄悄出现在你的身后，用一支荧光笔缓慢地敲打你的真实后背，并尽量让两种敲打同步进行。其实，这个实验和橡胶手的实验原理一样，只不过，用一个"模拟的你"代替了橡胶手，结果异曲同工，伦格哈格的实验让人感觉自己站在了自己面前几英尺外。

橡胶假手和虚拟现实的实验表明，人们平时感觉到自己在自己的身体里，是因为大脑接收到感官信息。如果改变惯有的感官信息，那么产生脱离身体的感觉就不难解释了。当然，当人们体验出窍的时候，并没有通过橡胶手或虚拟现实来引导。很多研究者认为，这种奇怪的反直觉想法对于理解出体体验的本质具有至关重要的作用。

实战练习

魔镜，魔镜，告诉我

神经学家维兰努亚·拉玛钱德朗和同事们创造了一种简单的方法来重演伦格哈格的实验，免去了对复杂和昂贵的虚拟现实系统的需要。事实上，你仅需两面大镜子，然后动动手指就可以做到。将两面镜子相对而放，中间间隔几英尺。接着，调整其中一面镜子的角度，使你可以看到另一面镜子中的头部背影（见下页图）。最后，边用手指轻轻触碰你的脸颊，边观察镜像。

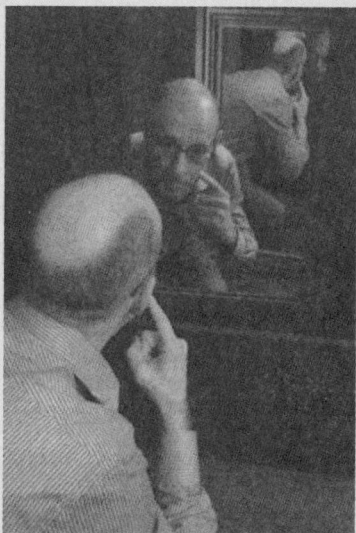

镜子实验的演示图

<<<

　　这种不同寻常的实验设计再现了伦格哈格虚拟现实系统中产生的幻象。你的大脑"感到"手指触碰到了脸颊，"看见"面前站着的那个人也同时被触碰，并得出结论，认为"你"一定是站在那儿，并根据这种想法构建了一个虚拟自我。

　　当拉玛钱德朗亲身实验时，他感觉似乎是一个外星人或机器人正在触碰他的分身。他的许多同事也感同身受，有些人甚至想要跟镜中的自我打招呼。

　　在本书开始的时候我曾提到过，心理学家苏珊·布莱克摩尔的电视节目是如何启发我去研究超自然现象，并探究我们的大脑、行为和观念的。对灵异事件，她已经钻研多年，但她大部分时间都扑在灵魂出窍的神秘科学上。

牛津"女巫"博士怎样看待心灵感应

　　苏珊早在1970年就已经对超自然现象感兴趣，那时她还是牛津大学的学生，并经历过不可思议的出体体验。那是一个非常安静的夜晚，她在玩了几个小时的占卜游戏、吸食了足够多的大麻之后，感觉自己飞出了体外，飘到天花板，穿过了屋顶，甚至横穿了英格兰，飞到大西洋的彼岸，环游了纽约上空。最后，她飞回到牛津，经由颈部回到体内，恢复原样。这并不是一个平静的夜晚。

　　此后，苏珊开始沉迷于灵异现象，并受训成为一个白人女巫，最后转了一个180度的弯，积极投身于超心理学的研究。她致力于研究儿童是否具有心灵感应（答案是不能）；并亲身经历迷幻之旅，想看看迷幻剂是否真能提高她的心灵能力（答案是不能）；她还学会了阅读塔罗牌，想看看它是否真能预测未来（答案是不能）。作为对其研究工作的肯定，她最后被授予了博士学位。经历了25年失望的探索后，苏珊决定放弃鬼魅之说，做一个怀疑论者。多年以来，苏珊一直在研究超自然现象和信仰心理，想弄清楚人们为什么会经历看似不可能的灵异事件。最近，她又将注意力转移到意识的神秘性上，并重点研究人类大脑如何产生自我意识。（然而，令人失望的是，打开她网站上的"我是谁"链接，却只看到一些平铺直叙的生物学常识。）

　　其中一个研究是，人们谈论起灵异现象时，总会想到为什么同卵双胞胎之间有一种神秘的精神纽带。许多超自然能力的拥护者认为，那是出于心灵感应。另一方面，怀疑论者认为，那是因为双胞胎有相同的基因，又在同样的环境下抚养长大，所以思维方式很接近，当他们做出相同的决定时，在外人看来，就好像他们彼此心灵相通一样。

为了解决这个问题，苏珊邀请了六对双胞胎和六对普通的兄弟姐妹参与她的实验。实验分为两部分进行。第一部分是一个简单的心灵感应测试，每对成员之一扮演心灵感应的发射者，另一个人则作为接收者，提供给发射者的信息是随机选择的，比如1到10的数字、一个物体、一张照片，发射者被要求在精神上传输这些信息给相应的接收者。实验结果表明，不论是双胞胎还是普通的兄弟姐妹，在他们之间都找不到心灵感应的证据。

在实验的第二部分，苏珊要求发射者将他们脑海里出现的第一个数字、任意的图像或四张照片中的其中一张，从精神上发送给他们的接收者。结果，现实忽然发生了改变。和持相似论的人预料的一样，双胞胎之间的信息传递准确率远高于非双胞胎的兄弟姐妹。比如，在传输数字信息时，有20%的双胞胎选择了同样的数字，只有5%的非双胞胎传输和接收到了相同的数字。在传输图片信息时，双胞胎们的成功率是21%，而普通兄弟姐妹的成功率只有8%。

总之，这些证据表明，双胞胎的心灵感应是出于高度相似的思维和行为方式，并不是什么心灵感应。

苏珊可能是超自然现象怀疑论者中最有名的一个了，这主要归功于她对出体经验的诠释。她的出发点是"人们之所以会认为自己在自己的体内，是由于大脑接收到了外部信息的感知所产生的幻想"。那么，有点儿怪异的橡胶手和虚拟现实的实验让人们产生身在异处的幻觉，就应该是同样的原理。苏珊猜想，也许正是这样的奇怪情景设置才让人们产生飞出体外的幻觉。于是，苏珊把她的注意力集中到出体经验的两个核心原理上。

第一个原理可以用下图帮忙解释。

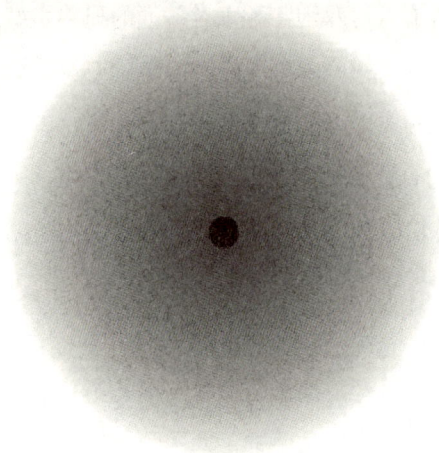

>>>

　　请集中注意力，盯着上图中心的黑点看一小会儿。只要你保持眼睛和头部相对静止，大约30秒钟之后，图像中围绕着黑点的灰色区域就会逐渐淡去。如果移动一下头或者眼睛，灰色又会回来。这是怎么回事呢？这一现象被称作"感官习惯"。如果你给某个人持续施以某种声音、图像或者气味的感官刺激，对方就会慢慢地适应这些刺激，最终在感知上完全忽视它们。例如，当你走进一个充满现磨咖啡味道的房间，你会很快感受到那股芬芳的气息，可是当你在房间里待上几分钟之后，现磨咖啡的香味似乎就变淡消失了。若想重新唤醒自己对咖啡香味的感知，很简单，那就走出房间，过一会儿再进来。在上述实验中，如果眼睛盯着黑点静止不动，那么周围的灰色区域很快就会变成盲区。同样，当人们买了新房子或者新汽车，兴奋一阵后便会迅速习惯，不久就会忽视其存在，然后感觉自己需要买一个更大的房子或者更好的汽车。

　　苏珊认为，感官习惯是出体现象的核心因素之一。人们发生出体现象的情形往往和大脑持续接收一些少量不变的信息有关，比如，闭着眼睛或在黑暗的屋子中，视觉信息缺失。当他们发生出体现象的时候，通常也没有任何触觉信息，因为大都躺在床上或者浴缸里，身体非常放松。在这些情形下，大脑很快对少量持续不变的信息变得"盲目"，于是会与渐渐消失的自我意识抗争，从而形成身处异地的连续画面。

　　和大自然一样，大脑一刻也不愿闲着，它会制造出"在哪里""在做什么"的幻象。这就可以解释，为什么当人们闭上眼睛待在黑暗的屋子里或躺在床上，脑海中就会浮现出一系列图像。苏珊还推测说，正是因为有些类型的人会很自然地想象自己飘出体外，并幻想世界的模样，然后沉浸其中，所以才会把幻象和真实的世界混淆起来，因此在他们身上也极容易发生出体现象。

　　为了验证她的推测，布莱克摩尔做了几个实验。事实上，你已经参与其中一个实验了。就在几页纸之前，我请你设想自己处在实际位置上方6英尺高的地方，向下俯视，并想象你在那个位置能看得有多清楚，同时想象自己在两个位置切换的难易程度。苏珊邀请了两组人参与这个测试，其中一组人发生过出体现象，另一组人则没有，结果两组人的分数差别很大。那些曾有过出体经验的人认为，自己很容易从6英尺的高度看清地面的景象，同时也可以轻松地在两个位置间切换。

　　苏珊指出，那些声称曾有过出体经验的人，他们倾向于沉浸在自己的出体经验想象里，很难分辨出哪些是事实，哪些是幻象。在几页纸前，我也请你对六条自我描述评分，其中五条用来衡量"在多大程度上，你会沉迷于往事"。（有一条关于鼬鼠工作太辛苦的选项，是我纯粹为了好玩添加上去的，请别介意。）这个测试的答案是，得分高于20的，在看电影和看电视时，往往会忘记时间，搞不清自己到底有没有做某件事，且这些人更容易被催眠。作为对比，得分低于10的人则非常务实，脚踏实地，极少把幻象和事实混淆。当然，苏珊也邀请了有过出体经验和没有出体经验的两组人来做这个测试，结果发现有过出体经验的人的测试分数比其他人高出很多。

总之，苏珊的数据表明，有过出体体验的人，相比其他人，更容易在自己真实体验的基础上产生幻象，然后难以分辨真实和幻象。如果把这些人放在只接收少量一成不变的信息的环境中（就像橡胶手和虚拟现实实验中的情形一样），他们就会渐渐地感觉自己已经游离于身体之外。

实战练习

如何离开自己的身体

理解了出体现象的诱因，那么你也可以成为一个能经常出入自己身体的飞行家。现在，让我们总结出体体验的教程，包括三个关键的心理技巧：放松、幻想、凝神。下面，我们一个一个来解释。

技巧1：放松

"渐进性肌肉放松"的过程需要先紧绷各个肌肉群，然后释放紧张感。练习的时候，要在一个安静的房间内，找张舒服的椅子坐下来，先脱掉鞋子，让衣服宽松一些。然后，把注意力集中在自己的右脚上。轻轻吸气，紧绷脚部的肌肉，越紧越好，这样持续大概5秒钟。接下来，呼气，释放出所有的紧张。接着，请按照下面的顺序，一次次紧绷和放松身体部分的肌肉，直至全身：

1. 右脚

2. 右小腿

3. 整个左腿

4. 左脚

5. 左小腿

6. 整个左腿

7. 右手

8. 右前臂

9. 整个左臂

10. 左手

11. 左前臂

12. 整个左臂

13. 腹部

14. 胸部

15. 颈部和肩部

16. 脸部

每次都让相应部位的肌肉紧绷5秒钟，再放松。

技巧2：幻想··········

诱发出体体验需要很好的想象力。如果你天生善于在头脑中幻想各种情景，那就容易了。如果你没有这样的天赋，那么就请按照下面的步骤来练习。

想象你走进一间厨房，从橱柜中拿出一个橘子放进绿色的盘子。下一步，想象你把指甲抠入橘子皮，剥开橘子，仔细体会橘子的手感和气味。幻想一下橘子汁被挤出来，溢得满手都是，接着整个橘子皮都被剥掉了，你把橘肉掰成一瓣一瓣的，在盘中摆好。这个时候再想象一下那些橘子汁，有没有流口水，橘子的颜色是不是明亮而鲜艳？在剥橘子的过程中，是不是每一个环节都鲜活地出现在你的大脑中，刺激你所有的感官？

隔三差五就做一次这样的练习，每一次都尽力让头脑中的幻象更加真实。

技巧3：凝神 ··························

凝神也是体验出体经历非常关键的一步。下面的小练习有助于评价和提高你的凝神技巧。

尝试在心中默默数数，从1数到20，每数一个数就停顿几秒钟，再数下一个数。在这个过程中，如果走神让其他思绪或画面进入你的脑海，那就从头开始数。刚开始的时候，你肯定会发现这个看似简单的任务其实十分困难，但经过一段时间的训练之后，你就能够集中思绪，专心数数，可以一直数到20而不会分神。

让你体验一把灵魂出窍的快感

好了，现在可以开始尝试体验灵魂出窍了。请在家里找把最舒服的椅子坐下来，接着站起来，环顾一下四周。从你所在的位置来看，屋子是怎样的情景？试着记住这个情景中的细节，越多越好，例如家具的位置、窗外的景色、挂在墙上的画等等。然后，慢慢走出房间，走到另外一间屋子去。此时，尝试记住在行走过程中的各种细节，例如墙壁的颜色、你碰到的家具和小物件、地板的花色等等。为了帮助记忆，可以在行走过程中选择四个点，并尽可能多地记住那里的细节。现在返回到原来的房间，坐在椅子上，进行渐进性肌肉放松练习。当你感到完全放松，就想象一个翻版的自己站在你的面前。为了避免想象自己的脸对着自己（这对大部分人来说，是很不愉快的尝试），你可以想象自己的分身是背对着你的，试着想象他的衣着和站立的姿态。现在，回想你在实际所处的位置看到的景象，并想象自己从身体里移出，进入分身的身体。如果第一次不成功，没有关系，灵魂出窍可不是那么容易的，这需要一些排练。

一旦你感觉到已经脱离了自己的身体，进入了分身的体内，就试着挪动一下步伐，尽量沿着先设定好的路径（在之前选定的四个点），停下来欣赏一下风景。如果你觉得行动有点儿困难，那么在进行这个体验之前的几个小时，不要喝水和任何饮料，只在你将要去的那个房间放上一杯水。记住，你可以随时折回到自己的身体里。只要你成功掌握了诱导出体经验的技巧，你就能随意飞行，唯一能够限制你的只有想象力了，或者你觉得到处飞行有点儿不太低碳环保。

数十年来，有几个具有奉献精神的科学家不断尝试，试图证明灵魂可以离开肉体。他们给刚刚去世的亲人拍照，给垂死的人称重，让那些有过出体体验的人来做远距离感知图片的实验。遗憾的是，这些实验都失败了，因为人是大脑的产物，不可能脱离大脑存在。其后的研究转向试图用心理学来解释这些奇怪的感知现象。这些研究工作表明，大脑需要不断地依靠外来的感官信息来构建"你的确存在于你的身体之中"这样一个感知。利用橡胶手或者虚拟现实系统，可以在瞬间让你感觉自己是桌子的一部分，或者让自己站在自己的面前。如果阻截了本应传递给大脑的感官信息，大脑就会感到迷茫："你究竟在哪儿？"当用想象中的飞行来填补这些空白时，你的大脑就会说服它自己："你已经脱离了身体，处于飞行当中。"

　　你的大脑会自觉地帮你执行寻找"我在哪里"的任务。没有大脑的这种自发自觉性，你会感觉自己一会儿在地板上，一会儿又在椅子里。有了它，你就会拥有一种持续稳定的感觉，你存在于你的身体里。因此，我们可以说，出体体验并不是超自然的经历，也不能证明灵魂的存在。实际上，出体体验只是揭示了大脑和身体日常运作背后的奇妙玄机。

怪诞心理学 / 2
不可思议的心理操控

第三章
启动你记忆的橡皮擦

本章中，我们会知道一个人如何愚弄了整个世界，也会看到用意念就可以折弯金属，还会一同去探访印度顶级通灵师，最后思考为什么我们会对眼前发生的一切视而不见？

　　1959年出生于新泽西州的海德里克童年过得很艰辛。当他3岁的时候，母亲酗酒离家出走，留下同样是酒鬼的丈夫独自抚养海德里克。当海德里克6岁时，情况变得更糟糕，他的父亲被判犯有持械抢劫罪，被判处两年监禁。海德里克因受到父亲的虐待，又无人照顾，最后被送进了福利院。不幸的是，海德里克表现不佳，被认为是问题儿童，从一个寄养家庭送到另一个寄养家庭。

　　18岁那年，海德里克被判犯有绑架罪和抢劫罪，并在洛杉矶县监狱度过了一段时间。虽然身陷囹圄，但他培养了对武术的浓厚兴趣，并努力设法掌握各种格斗技巧。

　　大约在同一时间，他表现出具有意念超能力。他的那个表演在后来几乎举世闻名，就是把一支铅笔竖着放在桌子的一边，平衡好，然后用意念使它移动。他在表演这节目的时候，头会扭向一边，双手也悬空，铅笔却能缓慢地旋转，然后停止，朝向与原来相反的方向。他还有一个表演，就是打开放在监狱里的《圣经》，让耶稣显灵——《圣经》的书页仿佛在上帝之指的拨动下，一页一页自动翻转。

　　从监狱出来后，海德里克前往盐湖城开设了一家少林武术学院，并以非常便宜的价格教别人学习武术和意念超能力。除了移动铅笔和翻

　　他还有一个表演，就是打开放在监狱里的《圣经》，让耶稣显灵——《圣经》的书页仿佛在上帝之指的拨动下，一页一页自动翻转。

动《圣经》的书页外，海德里克还增加了其他的特异功能表演，包括让健身房沙袋在没有被触碰的情况下自由摆动。

1980年12月，他应邀来到美国广播电视台做节目，并在《太神奇了！》这个节目中表演他的超能力。这个节目每周都会向观众展现五花八门的特技或特异功能表演。比如，打破"吞剑"纪录，让一群老鼠在专门建造的迷你球场打篮球，让人待在金属托盘上，沿着地面以超过100英里的时速被人拉动。这个节目的收视率非常高，这也给海德里克提供了一夜成名的最佳机会。

海德里克当时用了一个神秘的中文名字"宋差"登台，表演用意念翻书的特异功能。出场非常顺利，和预料中的一样，整个节目录制现场的观众都大呼："太神奇了！"这句话还被制成了电视屏幕上的超大字幕。

之后，海德里克和主持人聊起了自己的超能力，并现场表演了移动铅笔的绝技，给观众留下了非常深刻的印象。

在移动铅笔的表演中有段小插曲，主持人约翰·戴维森坐在离海德里克最近的位置，他说他听到了海德里克对着铅笔吹气。海德里克满脸无辜，否认了这个指控。现场一片寂静，观众一言不发，仿佛在心里默默抗议：如果是这样，那就没什么神奇的了！海德里克背靠着墙，转向戴维森问道：你要不要把手放到我的嘴上试试？

戴维森表示赞同，于是把手放到海德里克的嘴上。当海德里克集中精神，准备再次移动铅笔时，现场观众都屏住了呼吸。几秒钟后，铅笔开始缓慢地旋转，戴维森看得目瞪口呆，观众几乎陷入疯狂。

海德里克的非凡能力很快口口相传，一家小报居然标榜他为：世界灵异大师第一人。他似乎注定要在灵异名誉殿堂占有一席之地，如果不是因为了不起的詹姆斯·兰迪横加阻拦。

怀疑论者与意念大师的交锋

在第一章我们已经对魔术师和怀疑论者詹姆斯·兰迪有所了解，他毕生致力于破除超能力的神话。如果有谁可以在被严格控制的环境下向他证明超能力的存在，就可以领走100万美元的奖金（至今无人认领那笔钱）。

海德里克在电视上的表演吸引了兰迪的眼球，他决定挑战这位年轻的意念师，让他在受控条件下表演他那些壮举。

1981年2月，两人在同一个电视娱乐节目《那是我本行》（*That's My Line*）上正面交锋。在节目开始前，主持人鲍勃·巴克向观众介绍海德里克，问他是如何发展自己的意念超能力的。海德里克似乎忘记了自己蹲监狱的经历，说他遇到了一位充满智慧的中国老人，这位智者是吴师父，正是吴师父带领他踏入了人类意识领域最为神秘的第四级。

然后，海德里克表演了他著名的移动铅笔绝技，观众热烈鼓掌。接下来，巴克在桌子上放了一本打开的电话黄页，海德里克负责召唤神灵来翻书。经过几次尝试，都失败了，20分钟后，他终于翻动了一页。

在节目的第二部分，轮到兰迪上场。兰迪在后台打开了一只上了锁的箱子，拿出他的秘密武器——装满聚苯乙烯泡沫碎片的管子。兰迪将聚苯乙烯泡沫碎片全部散落到电话黄页上，然后让海德里克再次用他的意念超能力翻动书页，只要翻动一页就算他赢。

兰迪解释他这么做是因为他怀疑海德里克偷偷地向书页吹了气才使书页翻动，如果他再次朝撒满聚苯乙烯泡沫碎片的书页吹气，那么，这种碎片就会四处翻飞，观众就可以看见。

在三个特邀科学专家的注视下，海德里克试图翻动一个页面。

在40分钟的时间里，海德里克眉头紧皱，不停地做着手势，可页面纹丝不动，观众因为还饿着肚子，开始失去了耐心，坐立不安。无奈之下，海德里克最终承认失败。他解释说，泡沫碎片和演播室的灯光形成的静电干扰了他的意念，使他无法翻动书页。

兰迪和专家小组一致认为，这纯属胡说。海德里克态度坚决，声称他的表演绝对不是弄虚作假，并再次发动超能力来翻动书页。可是，再一次，他的超能力没有显现。（"啊，吴师父，徒儿我应该怎么办？"）

巴克、兰迪和独立专家小组在镜头前向海德里克做出了大拇指朝下的手势，观众也终于决定离开演播室，准备去吃饭。

海德里克在《那是我本行》的节目中没有取得更进一步的成功。也许，海德里克的忠实粉丝会认为，他们的英雄只是因为在现场怀疑者的围观下，精神有点儿不集中，才没有施展开来。可大部分观众离去时已经非常清楚，海德里克是在作假。

海德里克意识到他需要一个救世主，一个不仅可以提高他的超能力，还能帮他洗清欺世盗名之嫌的人。

好了，现在，请欢迎本章第三位也是最后一位主人公出场，他叫丹尼·克兰姆，一个魔术师兼心理研究者，并自称弥赛亚犹太人。

意念大师的自白：我如何愚弄世界

如今，丹尼·克兰姆是克兰姆联合公司的总裁，该公司专门从事现场行为分析。据该公司的网站介绍，其独特的培训计划可以帮助人们在几秒钟内准确地判断别人的行为动机、个性和沟通风格。然而，在20世纪80年代，克兰姆却过着一种截然不同的生活。

克兰姆作为一个熟练的魔术师，具有相当高的知名度，据他目前的网上简历所说，他阅读关于超能力作假方面的书籍、手稿、期刊，数量超过1万本。

和兰迪一样，他对超能力现象有着浓厚的兴趣，并撰写了大量揭露超能力造假手段的文章。和兰迪不一样的是，他是一个虔诚的基督徒，并和别人合写了一本书《伪装者》（Fakers），帮助读者分辨虚伪的超能力和上帝的神奇力量。其中一章，他写道："如我在第十章提到的，死者的灵魂无法再回到世间，是因为上帝已经给灵魂制定了法律。"

这本书包含的信息量很大，令人匪夷所思。克兰姆在书中阐述了较为常见的一类"超能力"背后的心理学，如桌灵转、通灵板、火上行走等。在第二部分，他讨论了对超自然现象的理解，例如，恶魔散落在地球的表面，通过收集大量信息源预测未来（天使从未被赐予这项能力）。此外，他还为大家分辨真正的超能力提供了实际操作方法（如克兰姆所说，关键在于"平衡"）。

克兰姆对海德里克的表演非常好奇，于是设法与他会面。

他决定不告诉海德里克关于他的魔术师背景，而是装扮成一个纪录片工作者。他还告诉海德里克，他渴望拍一部描写他的生活和超能力的纪录片。

毫无疑问，为了挽回在《这是我本行》节目中受损的形象，海德里克立刻答应参与。经过仔细观察海德里克翻页和移动铅笔的表演，克兰姆相信兰迪是正确的：海德里克没有使用任何意念能力，只是以高度娴熟和掩人耳目的方式对着物体吹气。

克兰姆没有当场戳穿他，而是回到家开始努力复制海德里克的表演

（不能算是偷学）。经过多次吹气练习，克兰姆觉得是时候进行下一步计划了。

克兰姆和海德里克约定了继续拍摄纪录片的时间，海德里克欣然赴会。

他们来到了录影棚，海德里克开始表演用意念力移动铅笔和翻动书页。

表演结束后，克兰姆问海德里克是否介意将一部分超能力转移给他。对于海德里克来说，这不是什么奇怪的要求。事实上，他经常对人说他能引发潜在的精神力量，当别人的手放到铅笔或书的周围时，他就能神不知鬼不觉地吹气，使物体移动，使别人相信自己也拥有超能力。

海德里克将手放到克兰姆的手上，凝神片刻，然后克兰姆身子向前倾，开始复制吹气大法，使铅笔移动。海德里克见了这阵势，一脸疑惑和震惊。

接下来是纪录片的访问时间，这时，海德里克的"命运"已经掌控在了克兰姆的手上。

当克兰姆告诉这位功夫大师，他已经想出了使铅笔移动的方法并能成功复制他的表演时，游戏结束了，海德里克平静地承认了一切。

他解释说，在他9岁的时候，看到一个名为小哈利·布莱克斯通的美国魔术师的表演，于是对骗术心理着了迷。大约在同一时间，他父亲为了惩罚儿子的调皮行为，多次将他锁在一个橱柜里，于是他在心里虚构了一个吴师父作为精神陪伴。

海德里克接着承认克兰姆和兰迪是正确的——他所谓的意念超能力表演，无非是气流的作用。唯一例外的是健身房的沙袋摆动，那是因为沙袋挂在一个金属的屋顶上，金属屋顶因为太阳的照射而发生膨胀使沙袋摆动。

在接下来的采访中，克兰姆问海德里克为什么要谎称自己拥有超能力。海德里克解释说，因为他渴望得到从小就没有得到过的关注，从小到大，他一直被别人嘲笑愚弄，而这样做，至少证明自己可以愚弄世界。

海德里克在镜头下自白后不久，便因涉嫌入室偷盗被捕。后来，他经历了越狱，再次被捕，再次逃亡，又再次被捕。1988年底，他被放了出来，移居加利福尼亚州。可是没过多久，他又引起了警方的注意，原因是涉嫌用他的"意念绝活儿"故意亲近一群小男生，警察找到了性骚扰的证据，并再次对他发出了拘捕令。

这次，海德里克又逃跑了，随后，他接受了一家电视台的邀请，出现在一个全国性的电视节目中，可很快就被在家里看电视的加利福尼亚州警察认了出来，海德里克再次被捕。尽管如此，但他作为意念大师的名气实在太大了，连护送他去加利福尼亚州监狱的安保人员都担心他会利用他的神通从警车里逃脱。当被送进监狱后，他还特别叮嘱狱警，不要用眼睛直视他，因为说不定他能用眼睛施咒。

几个月后，他因数起猥亵儿童的案件，被判处17年徒刑。

2002年，英国一个全国性的电视节目选出了世界排名前50位最伟大的魔术表演。海德里克移动铅笔和书页的表演排在第34位，以领先5位的优势，击败了尤里·盖勒弯曲金属的表演。

实战练习

匹诺曹实验

假灵媒通过运用自己的天赋来欺骗他人。你也可以用下面这个简单的实验来测试自己有没有骗人的天赋。

假设，你和你的朋友相对坐在一张桌子前。下面的四张卡片都面朝上地摆在桌子上，摆在你们俩面前。但是有一个标记放在卡片下面（箭头指示的就是标记所在的位置），以便你的朋友不知道它的位置，而你知道。

你所要做的就是，在不告诉你朋友有标记的前提下，让他选择有五角星的那一张（有标记的一张）。同时，你也不能提及卡片所在的位置，所以你能跟他说的是像"请拿起五角星的卡"这样的话。

之后你的朋友就会根据这次经验，找到有标记的卡片。明白了吗？好，现在我们找接下来的五组卡片。

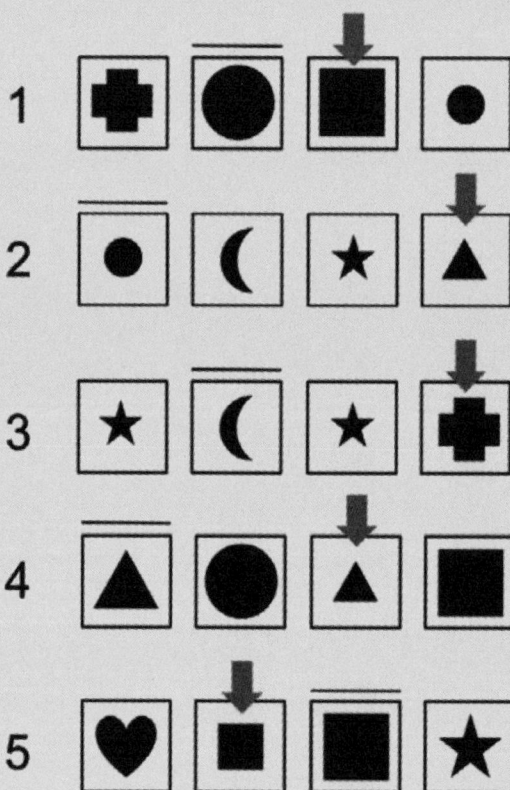

做完了吗？这个测试的关键在于第四组和第五组卡片。善于耍诈的人会很自然地从他人的角度分析眼下的情形。

在第四组卡片实验中，你需要请你的朋友拿出带有小三角形的卡片，又不能泄露大三角形卡片的信息。从你朋友的视角来看，只有一个三角形，就是那个小的三角形。因此，如果你告诉你的朋友，请拿出印有小三角形图案的卡片，那么你就泄露了隐藏的图案是大三角形的信息。你的表现如何？有提到小三角形吗？第五组卡片也是同样的情形，你有提到小正方形吗？

用这个测试来试试你的朋友、同事和家人，看看他们是不是具有骗人的天赋？

卖给世界一只鸭子

一直以来，魔术师和假灵媒蒙骗的是世界上最先进、最复杂和最伟大的生物进化的成果——人脑。他们面对着一个劲敌。要知道人的大脑已经把人类送上了月球，消除了多种重大疾病，并揭开了宇宙的起源。可是，像海德里克这样的混混是如何骗过大部分人的大脑这样精细打造的思维机器的呢？

大多数魔术师认为，他们之所以能够骗人耳目，秘密就在于他们如假包换的高仿真掩盖手法。说句实话，其实这些已经算不上什么秘密，因为幻术大师吉姆·斯坦梅耶已经将这些手法在他的著作《幻术的艺术与技巧》（*Art & Artifice and other Essays of Illusion*）中做了清楚的描述，所以对于他的读者来说确实不是什么秘密。

　　就像海德里克对着面前的物体吹气时使用的障眼法一样，魔术师的掩盖方法无非就是手势、橡皮绳、暗门等。魔术真正的秘密不是物理上的，而是人们心理上的。和大多数的假灵异师一样，海德里克利用了人的五种心理欺骗规律，才使得对着物体吹气的简单行为转变为所谓的奇迹。每个心理规律都好像一堵墙，阻止人们进入表演者的隐藏密室去发现真相。理解了这些心理规律，你就能了解海德里克以及其他假灵异大师是怎样愚弄世界的。

　　理解以上规律并不是什么难事，但首要问题是卖出鸭子。

规律1：卖鸭子

　　试想一下，你真的很喜欢鸭子。你不光喜欢它们，甚至还崇拜它们。你爱它们的嘴形、傻傻的"嘎嘎"叫声，你喜欢你的宠物鸭，每当在你朋友的面前提起它们，你都觉得万分可爱。现在，假如有人给你看下面这幅图。

>>>

　　如果你看到一只鸭子的头看向右边，这一点儿都不奇怪。事实上，你可能对此深信不疑，而完全忘记这其实也是一只可爱的兔子看向左边的图案。假灵异师们就是利用这个类似的原理来工作的。

人们往往更愿意相信神奇力量的存在，因为这至少给乏味的世界注入了一点儿神秘感：不是什么都可以用科学来解释，人们更愿意相信人类的意识拥有非凡的能力，只要魔法杖一挥，再难的问题都会迎刃而解。

在20世纪80年代早期，来自加利福尼亚州立大学的巴里·辛格和雨果·贝纳西进行了一次经典的实验，证明了此原则的力量。

他们让一个叫作克雷格的年轻魔术师穿上紫色的长袍、拖鞋，戴上一些"艳俗"的大圆徽章。并且，让克雷格向不同组的学生表演魔术。有时这些心理学家把克雷格介绍为一个魔术师，有时他们称克雷格是一个真实拥有超自然能力的人。无论观众被告知什么，克雷格都仅仅表演了一些有关读心术和意念断金的魔术。

在表演之后，所有观看过表演的学生都被问及是否认为克雷格具有超自然能力。其中，被告知克雷格是超自然能力者的学生中，有77%的学生认为他们见识到了真正的超自然现象。但是，奇怪的是在被告知克雷格是魔术师的学生中，也有65%的学生认为他是超自然能力者。所以，似乎人们很难排除紫袍子、拖鞋和大徽章对他们的影响，并且在最后的决定中忽视这些影响。

就像对鸭子热烈的喜爱之情会让你完全看不到兔子的图案一样，相信灵异力量的存在，这个迫切的需求让人们看海德里克表演时，彻底忽视了他耍诈的可能性。

海德里克做了各种各样的事情，目的就是要卖给世界一只鸭子。

他穿着中国武术服装，偶尔自称"宋差"，并编造了与吴师父遭遇的故事，使人们在头脑中制造出神秘的东方意象。如果他戴着一顶高帽子，自称神奇的吉波，并说和大卫·科波菲尔待了一段时间，那么结果肯定大不相同。

　　要想把人们糊弄过去，还得取决于表演的类型。

　　在他早期的职业生涯里，海德里克表演的是完全不同类型的魔术。比如在某一点把一根绳子剪成两截，然后将剪断的两头放进自己的嘴里，声称自己可以使物体的原子重组，然后将绳子从嘴里拿出来，剪断的地方奇迹般地无缝连接起来。当他做这个表演时，人们会很自然地认为这只是一个简单的魔术而已。

　　于是，海德里克很快就调整了他的节目单。剪断一条绳子又恢复原状，从一开始就让人们先入为主地意识到这是一个魔术，从而鼓励自己去寻找兔子图案。相反，用意念的力量移动一支铅笔，符合人们对特异功能的想象，而这个想象就激励了人们只看到鸭子。

　　当海德里克表演时，整个过程就好像在使用超能力一样。

　　大部分人都会认为这种意念超能力的表演非常耗费精力，且很难把握。事实上，海德里克吃透了人们的这种心理，因此在表演时故意装作绞尽脑汁，精疲力竭，在翻动一页书前要耗费大量的时间，甚至有时会失手，其实他完全可以不耗费任何脑力，很轻松地使铅笔移动，并翻动书页。但如果他那样做的话，人们会更倾向于认为他是在做一个魔术表演。

　　最后，他还经常做引导别人的潜在意念能力的表演，让其他人相信自己能利用意念的力量使铅笔转动。这是假灵异师常用的伎俩，因为这使他们看上去更有亲和力、更可信。

　　他让许多人认为自己拥有潜在的神奇力量。而一旦有人帮他们找到了这种证据，他们就变得非常不愿意去揭开灵异师的舞台幕布去寻找真相。

　　海德里克走起路来像一只鸭子，说话也像一只鸭子。正因为如此，很多人认为他真的就是一只鸭子，而根本没有考虑到他正在行骗。

虽然有的人从不曾想到他可能在要诈，但是也有许多人感到怀疑。或许他们本来就不相信灵异力量的存在，又或者他们相信，只是对海德里克的灵异力量感到怀疑。但不管他们的观点如何，海德里克用第二个心理规律又骗倒了他们中的大部分人。

用你的心理规律欺骗你

规律2：另辟蹊径

让我们做两个小测试。第一个测试是，请给下面这行字符加上一笔，让这个等式成立。你能做到吗？

$$I0\ I0\ II = I0.50$$

第二个测试是，下图显示的是罗马数字9，你能给这个符号加上一笔，只允许一笔，使之变成数字6吗？

$$IX$$

你可能认为要解答出第一道题都需要很好的数学思维，而第二道题涉及的是罗马数字，更需要超高的思维，事实上谜题是故意这样设计的，第一道题的答案涉及的是时间，而不是数学。让等式成立，很简单，你只需要在第二个"I"加上一横，就使它从数字10变成英文单词"TO"。

$$I0\ TO\ II = I0.50$$

现在把这个等式读出来，就是"11点差10分=10点50分"。要想解开第二个谜题，就在IX前加上"S"的符号，那么就把罗马数字IX转换成英文单词"SIX"了。

这两道题的难点在于，它们需要横向思维。这也是人们为什么弄不明白海德里克耍诈。

如果现在访问一些观众，要他们推测一下，海德里克是怎样欺骗他们的。这些观众会给出各种不同的答案。比如，有人认为是用了一根细得几乎看不见的线吊着铅笔，也有人认为可能是在桌子下面放了一块磁铁，或是使用了静电。然而，很少有人会想到他是偷偷朝铅笔吹了气。

就像大部分人很难解答出上面两道题一样，他们不会想到等式是关于时间的，而罗马数字可以加上一个英文字母变成英文单词。同样的道理，海德里克就是这样成功骗过了那些本来有点儿怀疑但又缺乏横向思维的观众。

当然，这个心理规律不会骗到所有人。毕竟，有些人天生就有打破常规思维的能力。还有一些人对魔术略懂一二，可能会想到吹气，那么对付这些人，海德里克就需要利用下一个心理规律。

规律3：掩盖痕迹

在镜头下仔细观察海德里克的动作是件很有趣的事，你会发现他是一个技术娴熟的老手。

首先，海德里克花了几个月时间学习如何小心控制自己的呼吸，这让他可以在时间上控制自己的呼吸，也就是说，他可以让他呼出来的气隔一会儿才抵达目标物体。这一点点的时间差让他可以抽出空来将头扭向一边去，因此可以保证，在观众的眼里，当目标物体移动时，他的脸是没有朝向该物体的。

其次，他并没有直接对着物体吹气，而是对着桌面吹气。这股被他吹动的气流可以沿着桌面作用到他的目标物上，使之移动。这个技巧使海德里克避免了用嘴直接对着物体的尴尬。这两个技巧非常具有隐秘性，可以很好地掩盖他作假的痕迹，让那些本来想到他有吹气之嫌的观众不得不抛弃自己的想法。

当他在《太神奇了！》电视节目中表演时，近距离观察者、主持人约翰·戴维森可以说是海德里克遇到的最难对付的观众，因为他没有扭转头部，而是对视着海德里克，所以海德里克的一举一动他都看在眼里，即使海德里克运用了高超的障眼法，依然没有蒙蔽他，他也理所当然地对海德里克提出了他是在吹气的质疑。

事情到了这个地步，海德里克就必须用到第四个也是最具欺骗性的心理规律了。

规律4：改变路线

我们的大脑很难应付的一种情况是，答案一会儿一变。相比之下，人们更喜欢"一刀切"的解决方案。像海德里克这样的假灵异师，对人们的这种心理抓得很准，即使在同一个表演中，他也会切换不同的方法。

所以，如果第一次表演时用了一种耍诈手法，在第二次表演时就会改用另一种，这样就会使观察者犯迷糊，认为这两种手法都不大可能，最后只能得出一个结论——奇迹。

海德里克在《太神奇了！》电视节目中的表演就是改变路线的经典例子。当主持人约翰·戴维森提出质疑后，海德里克主动要求戴维森用手遮住自己的嘴，然而，铅笔仍然发生了旋转。这是为什么呢？原因是海德里克很快在空中做了一个类似空手道劈砍的动作，从而形成了一股气流，推动了铅笔。正因为他改变了路线，戴维森和其他观众一样完全被愚弄了。

海德里克采取不同的欺骗手段欺骗了不同的人。

有一些人从一开始就相信他是灵异的化身，所以外界认为他弄虚作假的看法从来都没有进入到他们"热爱鸭子"的脑袋。另外一些人想到了海德里克是在作假，可是又想不出他究竟用了什么伎俩。还有一些人猜到了他要诈的方法，可是海德里克的扭头动作以及非直接路径吹气让他们认为自己可能想错了。只有少数人想到了正确的答案，他们头脑也很清醒，可还是被他糊弄了。

尽管这四个技巧被证实非常有效，但如果没有第五个也是最重要的一个技巧的应用，整个表演同样会失败。对于现在来说，它就是个有趣的窍门罢了……

实战练习

如何弯曲一把铁勺子

现在，让我们一起用一些之前讨论过的骗术原则来愚弄你的朋友和家人。想不想试试利用你的意念力来弯曲勺子？来，跟我做接下来的事情：

1. 当你和朋友们去一家餐馆或是去朋友家中共进晚餐时，偷偷从桌子上拿起一把勺子放进口袋里，然后说自己要去一趟厕所。

2. 一旦离开桌子，迅速找到一个相对隐秘的地方，仔细弯折勺子，反复地将勺头折向勺柄。重复这个过程几次后，会有两件事情发生：一是金属勺子的弯折处会变得灼热（小心烫伤手指），二是弯折处会留下一道折痕。一旦出现折痕，就不要再弯折这把勺子了，因为现在只要一个轻微的动作就能让勺子折断。这时，你已经成功地制造出了一把假灵异师们吹嘘的"预应力"勺子。

3. 将"预应力"勺子放回口袋里，并回到桌子旁。

4. 当你的朋友正在热烈地进行谈话时，悄悄从口袋中拿出勺子放到膝盖上，当大家的谈话进入最高潮时，从你的膝盖上拿起勺子，偷偷放回到桌面。

5. 当气氛相对缓和一点儿后，就提出超能力的话题，向你的朋友宣布，你从小就拥有一种特异功能，可以用意志力使勺子完全折断。不过，此时还是要低调一点，说自己已经很多年没有尝试过了，不知道现在行不行。如果没有人对你的话感兴趣，那么就拿起你的外套，去找一组更有兴趣的观众来表演。

6. 假设有朋友对你的谎言产生了兴趣，就拿起已经准备好了的"预应力"勺子，把右手的大拇指和其他手指分别放在勺子弯折处的两边，再把左手放上去，稍微给一点儿力，你就会发现，勺子在你手中变成了两截。这个时候手不要松开，就好像勺子仍然很硬、很结实一样，你缓慢地放松你握住勺子的手，就好像勺子在折断前需要一个弯曲的过程一样。

7. 允许变成两半的勺子掉落到桌面上，发出戏剧性的响声，如果你是在朋友的家里吃饭，那么这个时候就问问主人家，这把勺子贵不贵，有没有什么纪念意义。不管怎样，你现在有两个选择。向你的朋友解释这个把戏的整个过程，然后让他们找其他勺子试试看。要不，你告诉他们，这是神的力量，并说你正在考虑建立一个教派，问他们有没有兴趣参加。

这个骗术尤其有效，因为人们认为开始时间是表演者宣布将要用意念来弯曲勺子的时候，而真正的开始时间是你悄悄将勺子弯曲的时候。这种技巧被魔术师叫作"时间误导"，多用于展示意志力的成果和幻象。人们往往忽视了这些魔术师和假灵媒在表演前所做的努力。

例如，一个富有的英国银行家曾邀请英国魔术师大卫·巴格拉斯在他家公寓的三楼进行表演。在表演期间，巴格拉斯向银行家借用了一个空的牛奶瓶，并小心地用绳子将瓶子吊到窗外；接下来，巴格拉斯又将水果篮中的梨子在银行家眼前变走；之后，银行家被要求小心地将窗外的瓶子拉回来。大家惊奇地发现梨子居然在瓶子里，甚至大家都不知道梨是怎么被放进去的，因为瓶口实在太小了。

这个看似无意识的魔术，其实包含了一个庞大的计划。几个月之前，巴格拉斯已经找到了一棵正在长果实的梨树，并将一个空牛奶瓶套在其中的一个嫩芽上。随着时间流逝，梨在瓶子里长大，最后便成了巴格拉斯最重要的道具之一。在表演期间，他仅仅让自己的一个助手站在窗外的街上，并将空牛奶瓶换成有梨的牛奶瓶。就是这样的一个骗局，愚弄了在场的所有嘉宾，因为他们以为整个过程只经历了刚刚的一小会儿。

用磷粉让幽灵现身的骗子

在揭示第五个心理骗局定律之前，我们需要将时间向前推移，并找出超自然科学史上最有争议的那些实验。

S.J.戴维先生在1890年宣布，他获得了一种神奇的力量。戴维先生分小组邀请一部分人到他伦敦的家中见证他的非凡能力。每一组人都先聚集到戴维家的餐厅，并围着桌子坐下。然后，他调暗了煤油灯，加入了这个小组。

仪式开始前，有的客人携带了一些学校里的黑板。戴维把一支粉笔放在其中一块黑板上，然后再把它与石块一起放到桌子的一角，露出一端。接着他抓住另一端，请一个小组成员拿着另一端，将黑板紧紧抵在桌子的下面。戴维开始和神灵对话："你愿意为我们效劳吗？"几分钟过后，听到一个奇怪的摩擦的声音。当黑板被拿到桌面上来后，上面清楚地写着"好"。

第一步成功了，戴维很受鼓舞，继续进行第二步。

他熄灭了煤油灯，请每个人手拉着手和他一起召唤灵魂。慢慢地，一个淡蓝色的发光体出现在戴维的头上。这个发光体最后变成了一个完整的幽灵（其中一个客人后来描述说，那简直又丑陋又可怕）。幽灵消失以后，第二道光又出现了，并变成了一个留着胡子的东方人，他在距离他们几英尺的地方鞠了一躬，他的肤色不仅不暗淡，还呈现雪白色，不过，他的表达空泛无序。没过多久，这个幽灵飘浮到空气中，在屋顶消失了。

人们在离开戴维的房子很长一段时间后，仍相信他们真的接触到了灵异世界。

事实上，戴维并没有召唤灵魂的神奇力量，他其实是一个假冒的灵异师，他只是利用灵异学的专业知识，制造了所有的灵异现象。跟同时代的其他灵异师不同，戴维对名利不感兴趣。他只是在做实验，并邀请那些毫不知情的客人参与到他精心构思的巧妙实验当中来。

在戴维所处的那个年代，许多灵媒号称可以让死者在学校的黑板上书写，并让幽灵在人们的眼前现身。那些参与这些灵媒法事的人，直到离世都深信，灵魂在肉体死亡后依然存在。戴维对此持怀疑态度，他认为，公众是被这些不良的灵媒愚弄了。

这还不是最主要的问题，更为严重的是许多人在参与降神会之后，声称看到的奇异现象不可能是有人在弄虚作假。于是，戴维决定表演制造召唤灵魂的好戏，好让人们亲眼看看到底是怎么回事。

就像克兰姆学习并复制海德里克的骗人伎俩一样，戴维也通过多种迂回的方式学习到了不少假灵异师的把戏。时至今日，轮到戴维在他毫

　　他熄灭了煤油灯，请每个人手拉着手和他一起召唤灵魂。慢慢地，一个淡蓝色的发光体出现在戴维的头上。这个发光体最后变成了一个完整幽灵。

不知情的客人面前表演了。他还请他们看后发一份书面的记录给他，并要求尽可能详细地记录他们对当晚的回忆。在这些记录中，他惊讶地发现，人们常常忘记或记错最关键的信息。

在黑板上写字这一案例可以说是最好操控的例子了。

这是因为在仪式开始前，戴维将一小块粉笔夹附在一个顶针上，然后悄悄放进了口袋。当他的客人拿出黑板后，戴维将顶针偷偷藏在了手里，当黑板被放到桌子底下时，戴维就在黑板的底部偷偷写上"好"字。最后，他拿出黑板，给大家看黑板朝上的一面，让人们确认上面没有字迹。当黑板再次被放到桌子下去，戴维将黑板翻转了一下，保证有字迹的那一面是抵在桌子下方的。当黑板再次被拿出来时，"好"字的字迹便神奇地出现了。

当参与者们在事后回忆这个场景时，黑板被重新拿出来又重新放置在桌子下的这一至关重要的环节消失了，这些客人非常坚定地认为，黑板被放在桌子下面便一直放在那里，直至神奇的字迹出现。

那么，幽灵又是如何出现的呢？

在客人抵达之前，戴维在餐厅的一个橱柜里藏好了大量伪造幽灵的道具。

在他熄灭煤油灯之前，他请他的客人仔细地搜索这个房间，看看有没有藏什么东西，每当他看到有某个客人准备打开藏有道具的橱柜时，他立刻转移他的注意力，请他搜查自己的身上，看看有没有什么隐秘的道具。

当屋子陷入黑暗时，戴维最为信任的朋友——玛若先生，悄悄溜进了屋子，并戴上事先涂抹了发光涂料的面具，变成了客人眼里丑陋可怕的幽灵。而蓄着胡子的东方幽灵则是玛若先生用心打扮的结果，他事先就在头上绑好了头巾，然后在下巴处粘贴了戏剧性的胡须，再把薄纱披在肩膀上，用一盏微弱的磷粉灯照在脸上。玛若先生还补充说："我脸色苍白是因为涂了面粉的结果，虚幻无章的表达是我的本色。"

　　为了制造幽灵悬浮又消失的效果，玛若先生先是站在戴维的椅子上，把磷粉灯举过头顶，然后在快接近天花板处熄灭。就像大家不能看清在黑板上书写的真相一样，他们也非常一致肯定地认为，已经搜索了戴维餐厅里的每一个角落，而忘了还有一个橱柜他们没有翻看。

　　戴维在1887年出版了长达110页的卷宗，陈述了大量类似的记忆错误，并得出结论：人们对奇异事件的记忆绝不可靠。该报告一出，便引起了轰动。

　　许多顶级灵异师，包括进化理论的共同创造者阿尔弗雷德·罗素·华莱士，拒绝相信戴维的调查结果。但是，华莱士又迫不及待地想弄清楚到底是怎么回事，于是，他宣布，除非所有伪装细节得到解释和印证，否则戴维就是在撒谎。

　　只可惜，戴维在1890年12月感染了风寒，年仅27岁便去世了。在他去世后不久，他的好友玛若出来作证，向华莱士说明伪装的细节，然而华莱士还是不相信。后来，华莱士在一篇很长的文章中用大量的笔墨描述了他参加过的另外的降神会，指出太多的灵异场景都不可能是人伪造的。

　　戴维的支持者们则认为，没有理由相信华莱士提出的反例，而不相信戴维实验亲历者的证词。

🔖 记忆的橡皮擦：无法掌控的记忆

规律5：逃离过去

　　戴维的案例研究就是对最后一个定律的最好证明，而这个定律也同

启动你记忆的橡皮擦

样被海德里克和其他假灵媒用来愚弄世界了。

很多人认为，人类的观察和记忆就像录像机和照相机一样，怎么会出错呢？那么，我们先来看看下面这张图片——两个人坐在一张桌子旁的温馨画面。

<<<

观察一会儿后，我希望你接着看下面这张图片。尽管这张新的图片和上一张看上去非常相似，可它有很大一部分是被改动过的。试着来找找碴儿。为了公平起见，你可以将这两张图对照着来看，就没问题了。

<<<

　　大多数人查找这两张图的不同之处，都找得很辛苦，尽管这两张图就摆在眼前。如果你到现在还没找出来，那就让我来给你指点迷津吧！在第二张图里，两个人背后的那根横着的杆子比第一张图里的要低很多。如果你没有发现，不要感到沮丧。事实上，绝大部分人都不能轻易地发现区别所在。心理学家把这个奇怪的现象称作"变换盲区"，那是人的视觉系统的工作原理直接导致的。

　　当你乍看这张图时，就那一眼的瞬间便可一览无余，非常轻松。这其实是你的大脑传达给你的一个很强势的错觉。事实上，要想在一瞬间形成这样一个完整的视觉画面，需要花费大量的脑力。所以你的大脑就偷了一下懒，与其耗费整个大脑的能量，不如找一条捷径创造同样的瞬间视觉感受。在任何一个时刻，你的眼睛和大脑的信息处理能力都只能让你看到周围环境的一小部分。为了弥补这个缺陷，你的眼睛不自觉地从一个地方瞄到另一个地方，迅速建立起一个出现在你眼里的完整图片。此外，为了确保宝贵的时间和精力没有浪费在琐碎的细节上，你的大脑会迅速识别它认为最重要的画面，并几乎将所有的注意力集中在那一方面。

　　从概念上讲，这就像你站在一个黑暗中的糖果店里，用一个手电筒扫射放着糖果的架子，以便知道架子上都放了些什么糖果。手电筒的光线从一个罐子移向另一个罐子，然后停在一个盛放着你最喜欢的糖果的罐子上。然而，你不会发觉你看到的不是整体的周围环境，你的大脑会将扫描好的画面一个个组合在一起，让你舒舒服服地拥有一个关于周围环境的连续性视觉感受。

　　就拿你刚看到的这张图片来说吧，作为一部分背景的杆子很少被注意到，因为大部分人都将注意力集中到那两个人的脸上（55%的人还在想，这个女人到底盯着这个男人哪里看）。除了具有选择性的目光外，你的视觉系统还给你造成一个印象，那就是，你一直是在看整个画面，所以这就解释了为什么你不能认出不同。

这个过程发生在你睁开眼睛的每一刻。你的大脑在不断选择它认为你周围最重要的画面，而很少关注其他画面。要使重要的动作看上去毫不起眼，假灵异师们会通过这个原则，让他们表演中的关键部分从观众的头脑中消失。例如，当戴维第一次从桌子底下拿出黑板检查有没有字迹时，因为这个动作看上去无关紧要，所以很快就被他的客人遗忘。同样的道理，当海德里克表演他的绝技时，他会很随意地看一眼目标物体，然后偷偷地吹气并将头扭向一边去，正因为他在吹气前的那一瞥看上去实在是太零碎、太不起眼的细节，人们就会彻底忘掉它，同时相信海德里克一直是将头扭向一边，没有直视物体。

前四个超自然的骗术定律——卖鸭子、另辟蹊径、掩盖痕迹和改变路线，确保了观众无法明白发生在眼前的骗术。第五定律——逃离过去，就确保了人们不能准确地想起到底发生了什么，而且在观众没有意识到这一点之前，重要的细节已经在记忆中消失殆尽，因而观众根本无法以理性的方式解释他们目睹的一切。

古鲁大师和冰箱

几年前，我和一位同事到印度拜访了印度顶级通灵师斯万密·佩曼纳达。佩曼纳达出生于1951年，据说，当他还是一个少年时，一袭藏红花颜色的袍子突然就披在了他的身上，使他明显感受到神的召唤。从那时起，佩曼纳达每天的所作所为几乎都是"奇迹"：用双手将意念中的形体物化，定期吞咽卵石……

20世纪80年代初，佩曼纳达在印度南部偏远的地区成立了一个宗教部落，那是一个自给自足的村落，这位大师和他的50个门徒在此居住。佩曼纳达在世界各地都拥有忠诚的追随者，追随者们相信他们的领袖是神的化身，是将生命奉献于传教布道的大师。

我对佩曼纳达的第一眼印象有点儿奇怪。在我们来到那个村子准备去拜访他的第一天，我去村里的小店铺买冷饮。店主说，真不凑巧，他的冰箱坏了，正等着佩曼纳达大师来帮他解决这个问题。我的脑海中立刻浮现出了一个画面：佩曼纳达带领着他的众弟子聚集在大厅里，为冰箱做祷告。没想到，过了一会儿，小商店的门被推开了，佩曼纳达拿着工具箱走了进来，他从后面将冰箱猛地拉离墙壁，接着从他的工具箱里拿出一个扳手，开始在冰箱背面做起了修理工作，几分钟后，冰箱又开始重新运作。佩曼纳达感觉这儿的工作已经干完了，迅速整理好工具箱，买了一块巧克力，扬长而去。

当天下午，我们被告知，佩曼纳达将在第二天早上6时会见我们，并展示他的超能力。第二天一大早，我从木板床上爬起，准时出现在会面大厅。结果，6点钟过去了，他们没出现，一直到七八点，我也没看到这位大师的影子。

看上去，佩曼纳达好像在摆大师的架子，要考验一下我们的耐心和诚意。（我想，如果我在我的学生面前摆点谱儿，上课迟到，一定会被批评不专业。）在这个持续升温且变得无比潮热的大厅里等待了四个小时后，我们觉得受够了，准备打道回府。可正在这个时候，"奇迹"出现，门打开了，佩曼纳达在一小撮弟子的拥护下走了进来。

这位神仙一样的大师一边朝我们微笑，一边扬起手快速做了一个挥洒的动作，一撮金粉（印度教仪式中用到的一种细粉）从他的手指缝间缓缓撒落。撒完金粉，佩曼纳达从稀薄的空气中凭空抽出两个小黄金饰品，结束表演。

我把我的宝丽来相机给了佩曼纳达的一个弟子，并提议我们到外面去照一张集体照。照片出来后，我们看到一片奇怪的紫色云雾笼罩在我们头顶，其中两团紫色云雾分别出现在佩曼纳达和我的头顶。

佩曼纳达看了看照片，谦虚地说，在很多宗教里，紫色的光影都象征着圣人。

其实，只要我们仔细观察他的表演，就可以发现他事先在袍子里藏好了物体，当人们不注意的时候就偷偷拿了出来，当我们拿掉他手上套着的一个透明的塑料袋后，他随即就变不出物体来了

那么，宝丽来照片上的紫色祥云又是怎么回事呢？当我回到英国，我把照片拿到宝丽来的实验室做鉴定。技师解释说，这张照片从相机里弹出时，装有化学成分的硒鼓出现了破损，从而使化学成分发生了泄漏，浸染到了照片上，才出现了紫色祥云的效果。接着，该技师检查了照片上的代码，参考了一本代码书，然后告诉我说，相机里的硒鼓早已过了有效期。所以，科学家没有把这张照片上的紫色祥云作为什么神圣的象征。作为个人，我对此从未有过怀疑。

戴维具有突破性的实验，让他成为挑战目击者证词的第一人。自此以后，心理学家们做了大量这方面的研究，研究结果显示，人们的记忆确实具有选择性，从而妨碍了人们正确回忆日常事件的能力。

在20世纪末，德国犯罪学家冯·李斯特教授在20世纪结束之际，做了几项了不起的研究。其中一项研究是这样的。李斯特在一次授课时，谈论起关于犯罪学的书。一个学生（实际上是事先安排好的）突然叫喊道，李斯特应从"基督教的道德立场"来解释这本书。第二个学生（也是事先安排好的）反对要他这样做，从而引发了激烈的争

　　照片出来后，我们看到一片奇怪的紫色云雾笼罩在我们头顶，其中两团紫色云雾分别出现在佩曼纳达和我的头顶。佩曼纳达谦虚地说，在很多宗教里，紫色的光影都象征着圣人。

吵。这场争吵愈演愈烈，导致这两个学生拳脚相向，其中一个甚至掏出了手枪。李斯特教授试图抢下武器，结果枪响了，其中一个学生倒在地上，失去了知觉。

李斯特教授在这时叫停，解释说，整个事情是事先安排好的一出戏，而这两个学生也向大家鞠了个躬，表示抱歉，并开始询问在场的每个人，请他们描述一下刚才发生的事。

李斯特惊讶地发现，许多学生都只谈论枪支，这种现象被心理学家称作"武器焦点"，他们在自己都没有意识到的情况下，对于几分钟前发生的事情，忘记了很多细节，比如是谁引发的争论，事件主角穿的是什么颜色的衣服。

除了李斯特教授，在20世纪70年代，心理学家罗布·巴克霍特也导演了一出好戏——在150个目击者面前模拟刺杀行为。这些目击者几乎都把焦点放在他们认为重要的因素上——刺杀的性质，而忘记了很多其他的信息。

后来，有人将六幅照片摆在他们面前，请他们指出肇事者，几乎三分之二的人无法指证。再后来的一个实验是，美国一个电视节目播放了一段模拟的抢钱包的录像，然后请观众在排成一行的六个嫌疑人当中指出犯人。有6000个人看了这个节目后打来电话，并做了指证。尽管电视节目清楚地播放了犯人的脸，但仍有1800个人做了错误的指证。

大量的研究一次又一次印证了同一个结论。虽然我们很愿意相信自己的眼睛和记忆是可靠的，然而，事实表明，我们经常会错误地记忆眼前所发生的事，并遗漏最为重要的细节，甚至连自己都没有意识到。

你的大脑在不断地打量着你的周围，判断它认为值得关注的部分以及最佳的感知方法。在大多数情况下，大脑的决定是正确的，所以你能以一种非常有用且高效的方式准确地感知这个世界。然而，物极必反，你的精致大脑偶尔也会开一点儿小差。因此，就像万花筒和哈哈镜会迷惑你的眼睛一样，那些所谓的意念超能力用非常简单的魔术手法便让你误以为目睹了奇迹。

　　那些伪灵异师无非是耍了一些巧妙的花招儿，阻碍了人们探求真相的意愿，启动了人们头脑中隐藏的记忆橡皮擦，迅速擦去那些作假的细节。如此看来，旋转铅笔和弯折勺子之类的现象都不能证明超能力的存在，而只是提醒我们人的眼睛和头脑有多么复杂而已。

　　表演旋转铅笔和弯折勺子的人确实具有不可思议的能力，只是这种能力不是超自然的能力，而是人类的心理技艺。

.

怪诞心理学 / 2
不可思议的心理操控

第四章

失控的意志：为什么还在想自己不该想的

本章中，我们将遇见两个小女孩创立的新宗教，目睹举世闻名的科学巨匠如何直面魔鬼，学习怎样与不存在的灵魂沟通，并释放潜意识里的力量。

现在是晚上10点，位于伦敦东区一间房子的隔音室里，我们的这次会议正要开始。有十位从公众当中挑选的可靠会员和我围坐在一张木制的大桌子前。房间几乎是全黑的，光源只有摆在壁炉上的几根蜡烛。

我要求每一个人身体前倾，并且将指尖轻轻地放在桌面上，接着深呼吸，并号召幽灵加入我们。但是什么也没有发生。我鼓励他们每一个人都不要失望，而且要延迟他们可能产生的怀疑。

接下来，我又一次对着黑暗讲话，要求幽灵通过晃动桌子来证明他们的同在。没一会儿，桌子很轻但是很真实地晃动了一下。这是一个好兆头，我也同时预感到，我们将一起度过一个有趣的夜晚。

接下来的半个小时里，桌子又轻微地晃动了几次。突然，一个会员说，他不得不去一趟厕所。就在他起身时候，伴随着桌子发出的巨大嘎吱声，整个桌面翘了起来。这是一个激动人心的场面，让我们感觉就像是有人从桌子底下踢桌子一样。桌边的几个人开始兴奋地尖叫起来，就连打算去厕所的人都认为去厕所也不是那么重要了。

当桌子的腿都落在地上的时候，它又开始从屋子的一边向另一边滑动，有时甚至把几个会员挤得紧贴在墙上。这样反复运动在持续了一个小时之后就突然停止了。之后，我们郑重地感谢了那些出席了的、让我们知道他们存在的幽灵。

　　在蜡烛被吹灭，灯被打开之后，每个人都在讨论他们刚刚遇到的这次神奇的经历，而那个开始要上厕所的人也终于如愿以偿去厕所了。

　　像这样的会议我举行了很多次，而且结果往往都如出一辙。不管会员相信幽灵的存在，还是怀疑幽灵的存在，最终桌子都会移动。即使当每个人都将手指从桌子上挪开的时候，桌子依旧会晃动、倾斜。

　　桌灵转在风靡英国之前，首先在维多利亚大厅进行了演示。这些迷惑了现代人的现象，同样也让当时的人感到不可思议。

　　但是，当提及和死人交流的方式，桌灵转也只是冰山一角了。在维多利亚时代，一些其他类似的会议上，幽灵被要求给出一些信息，通过一块在字母表上移动的玻璃拼出单词，或者干脆直接在一张纸上鬼画符。

　　想要调查这些古怪的现象，就要从深刻理解潜意识的力量、自由意志的基本性质和如何成为一个好的高尔夫球手中去发掘。

　　接下来，就让我们从两个姐妹如何控制并愚弄了整个世界来开始调查吧！

两个小女孩创造的宗教

　　大约在20世纪末，托马斯·哈代写了一首诗，在诗中，他描述了他目睹的上帝的葬礼。哈代的诗句只是生动地描绘了一种悲伤，一种当宗教信仰者开始怀疑造物主的存在时所表现出来的悲伤。

　　在整个19世纪，越来越多的人体验到了哈代所描述的这种痛苦的心情，因为他们的宗教受到了非常严厉的、持续的攻击。首先是伟大的苏格兰思想家大卫·休谟，他批评了宗教信仰者们神圣不可侵犯的理念——造物者创造了这个世界。大卫·休谟还特意出版了《自然宗教对话录》（*Dialogues Concerning Natural Religion*），以此来阐述他的观点，结果引发了轩然大波——如雪片般的争议让这本书在出版时都不敢印上出版社的名字。

继大卫·休谟之后，挑战人们的宗教理念的是英国哲学家约翰·斯图尔特·密尔。他认为，公众是一个相当理性的群体，应该有选择宗教甚至不信仰任何宗教的权利，而不应受到他人的干涉。随后，便是达尔文的进化论的横空出世，达尔文的大胆理念是，人和动物可能出自同一个祖先。

宗教组织开始感受到了压力。

几个世纪以来，神父和牧师战胜了魔鬼，但现在他们发现自己面临着一个新的、更为强大的敌人——向他们索要上帝存在证据的教友们。当时，维多利亚时代的人们正兴高采烈地享受着科技进步带来的好处，从蒸汽机到缝纫机，从照相机到汽油，从电话到停机坪，从留声机到回形针，从果冻到冰激凌，无一不给他们带来了日新月异的变化，同时也冲击着宗教的捍卫者们。忽然之间，有关一个男人仅用五片面包、两条小鱼就能喂饱5000人的古老故事已经不灵了。对许多人来说，教堂除了盲目的信仰，什么都不可能给你，当然，如果礼拜天无处可去，也可以去那儿坐坐，免费！

由于宗教迅速失去理性的立场，这场战斗似乎不可避免要结束了。事实上，一些作家高兴地宣布战斗已经结束。就在此时，立场最鲜明的德国哲学家尼采突然宣布："上帝已死。上帝永远不会起来了。我们已经杀了他。"尽管人们清楚地知道，造物主已被列入受批判的名单里了，但这些信徒还是愿意用马克·吐温的话来安慰自己，"他的死亡报告被极度夸大"。

在自身信仰的宗教受到持续攻击的同时，虔诚的信徒们竭尽所能希望渡过难关。他们跪在地上，双手合十，祈祷奇迹出现。1848年3月31日，上帝似乎带着两个小女孩回应了他们的祈祷。

海德斯维尔是纽约州罗切斯特以东约20英里一个名不见经传的小村庄。1847年12月，约翰·福克斯和玛格丽特·福克斯搬进了这个小村庄边界处的一幢小屋，他们有两个女儿，11岁的凯特和14岁的玛格丽塔。但是，在接下来的几个月内，福克斯一家的生活被一系列奇怪的事件搅得鸡犬不宁。比如，床架和椅子开始摇晃，能听到幽灵的脚步声，有时整幢房子像一个巨大的鼓膜一样震动。约翰和玛格丽特试图为这些奇异现象寻求答案，未果，于是他们被迫得出结论：他们的新家闹鬼——里面住着一个不开心的、无法得到安息的灵魂。

1848年3月31日，福克斯一家早早地上床睡下，试图摆脱幽灵的困扰，睡一个好觉。不幸的是，他们没能如愿。因为就在他们躺下去几分钟之后，幽灵就开始捣乱了。

在忍受了一夜无休无止的震动和敲击后，小小年纪的凯特决定尝试和幽灵进行精神沟通。刚开始，凯特非常悲观地设想，他们的不速之客可能是恶鬼本人。于是，她在黑暗中问道，是分足先生（Mr.Splitfoot，传说中魔鬼撒旦的别名）吗？请像我一样做。凯特好像早已想好了名字，请求幽灵复制她的行为。接着，她拍了三下手。几秒钟后，同样拍三下手的声音神秘地从墙壁里传出。很好，凯特看上去已经和幽灵取得了联系。

出于好奇，妈妈玛格丽特紧张地向幽灵询问："你能否说出孩子们的年龄？"紧接着，她听到了11下敲击声，正是凯特的年龄；接着，她又听到了14下敲击声，这正代表了玛格丽塔的年龄；随后，她又听到三下敲击声。三下？看来，这个幽灵什么都知道，玛格丽特确实有过第三个孩子，只是在几年前便夭折了，如果活着，年龄正好是3岁。

与幽灵的闲聊一直持续到深夜，福克斯一家最终发现了与幽灵沟通的暗号：敲一下，代表正确；敲两下，代表错误。用这种方式，他们发现该幽灵是一个31岁的男性，几年前在这幢房子里被谋杀，而他的遗骸被埋藏在地下的酒窖。第二天晚上，约翰·福克斯试图在地下挖出他的遗骸，可是一直挖到地下水位也没有找到。

这件奇怪的事情很快传到了周围的城镇，吸引了上百人到海德斯维尔来亲身体验幽灵的敲击声。他们中的许多人和该幽灵取得了沟通，从而让有关这个幽灵的八卦消息迅速传到了纽约。

然而，短短几个月的时间，络绎不绝的访问者和幽灵的敲击声让玛格丽特·福克斯担忧得连头发都变白了，她的丈夫也因此无法正常工作。考虑到孩子们的教育，最终他们决定，让孩子们先离开这个被幽灵困扰的家。他们把凯特送到了附近的奥伯恩，把玛格丽塔送到了罗切斯特。

尽管这样，但改变历史的种子已经播下，无法再收回。

不幸的是，不同的幽灵似乎追着凯特和玛格丽塔不放，因为在两个小女孩的新家，同样也响起了幽灵的敲击声。福克斯一家的世交，虔诚的基督教教友派信徒伊萨克·珀斯特想到了一个主意。他觉得与幽灵沟通的暗号实在太费时，有时还令人困惑，他想是否有可能创造一个更精确地和幽灵世界沟通的渠道呢？

一天晚上，他邀请玛格丽塔到他家中做客，问她是否介意用一个新的系统尝试和幽灵沟通。白天，伊萨克·珀斯特在一张张纸上分别写上英文字母，然后请玛格丽塔告诉幽灵，他将请她挨个儿指着每张纸上的字母向幽灵提问。如果幽灵想要传达他的想法，只需在看到她指向每张纸上正确的字母时，以敲击声回应。

就这样，伊萨克发明的即时信息系统似乎大获成功，很快，他们建立起了第一次与逝者准确而完整的信息沟通。这次不再是拉家常，而是一个振聋发聩的指令：

"亲爱的朋友，你必须向世界宣布这一真理。一个崭新的时代即将诞生。你千万不要试图隐瞒下去，只要你完成你的使命，上帝将会保护你，主的神光将会永世看护你。"

再一次确认信息的真实性之后，伊萨克热情地拥抱了这个新的宗教——唯灵教，并开始着手转化他的教友及同胞。

从心理学的角度来看，唯灵教的创造是天才的发明。

教会通过强调信仰的重要性来打击理性的思考者的做法被证实很难，而唯灵教的出现正中了教会的下怀，因为它改变了宗教的本质。在一个痴迷科技的年代，唯灵论不仅提供了一个拥有来世的可能，还能让人们在一个美好的夜晚，与他们已逝的亲人进行亲密交谈。其他的宗教只是给了人们一个死后复生的希望，而唯灵教直接让人们享有了好处。

于是，唯灵教同时拥有了感性和理性的吸引力，在短短几个月内就横扫了全美洲，吸引了大量的教徒。

福克斯姐妹很快就获得了名人的地位，并收到很多邀请——在公开或私人的场合表演惊人的通灵能力。只要有人提出要求，她们就会与幽灵闲聊各种话题。根据报纸的报道，说她们可以一会儿聊哲学和宗教的话题，一会儿又讨论股票和爱情。

从一开始，唯灵教和教友派的中心原则就保持一致，包括对废除奴隶制、禁酒运动和妇女权利的支持。新的宗教还采纳了教友派去除社会等级的平等制度，其给人的印象就是，没有高不可攀的高级神职人员和牧师，只有在精神上平等的教众，大家可以聚集在一起，用不同的方式和死者对话。他们确实也这样做了，跨越整个美洲和欧洲，大大小小的唯灵教教友们聚到一起，和他们已故的亲人取得联系，当然，如果幽灵足够多、足够友好，也都可以参与谈话。

可事实证明，如果福克斯姐妹不在场，就很难让幽灵的敲击声重现。

于是，人们开始尝试另外更可靠的方式和幽灵沟通。迄今为止，最流行的一种方式就是"桌灵转"。

人们对它的描述是，在一个特意安排好的场合，人们围坐在一张桌子周围，轻轻地用指尖触及桌面，将灯熄灭，一起唱几句赞美诗，便开始招魂。一段时间过后，在场的每个人都感到，木制的桌子发出响声，他们手指下面的桌子开始摇晃。若再唱一段赞美诗，桌子便开始移动，就好像幽灵在牵引着桌子一样。根据当时的报道，在有的夜晚，桌子就好像在屋子里跳舞一样，甚至有时还能爬到教友的膝盖上，并将他们用力推向墙壁。很快，"桌灵转"就像一场瘟疫一样蔓延开了，成千上万的人整夜和能够通灵的桌子一起与亡灵对话。

"作为曾经走在最前端的人，我有资格揭发他们"

随着教众数量的迅速增加，就像日趋扩大的市场总要面临收支平衡的压力一样，凯特和玛格丽塔付出了代价。渐渐地，她们两人在与灵异世界的沟通方式上发生了分歧，到了19世纪80年代后期，两个人都开始酗酒。1888年10月，她们觉得这一切已经受够了，遂决定前往纽约，在去纽约之前，她们还做了一个戏剧性的公告。

据说，她们以1500美元的价格将她们的故事卖给了《纽约世界》

杂志。根据该杂志的报道，玛格丽塔向人们澄清，她和凯特伪造了整个事件。

人们不禁要问，她们为什么要这么做呢？原来她们新加入了天主教教会，为了忏悔自己所犯下的罪行，她们决定将整件事的始末公之于众。根据她们的口述，人们最初在海德斯维尔听到的奇怪声音，是她们出于天真好玩，用一根线牵引一个苹果所发出的声音。

"晚上，我们上床以后，用一根线拴住一个苹果，然后将线上下拉扯，让苹果在地面上弹跳，发出奇怪的声音。妈妈听了一段时间，不能理解是怎么回事，但对少不更事的我们毫不怀疑。"

玛格丽塔继续解释，由于用线拴住苹果使之弹跳的游戏只能在黑暗中进行，她们决定改良技术，于是很快就发明了一个在白天也能玩的制造敲击声的游戏：

"制造敲击声其实很简单，主要在于很好地控制膝盖以下的腿部肌肉，自如支配脚部肌腱，带动平时被大家忽视的脚趾和脚踝骨头做运动，只要控制好，脚趾可以在抬起后回落到地板上发出响声。整个动作的完成非常隐秘，看上去你的身体是完全静止不动的。这就意味着，你可以通过练习控制膝盖以下的肌肉，让脚趾悄悄发出敲击声。这就是所谓的'幽灵敲击声'的由来。"

由于承受不了一辈子背负欺骗罪名的压力，对于她们帮助创立的唯灵教，玛格丽塔做了斩钉截铁的声明：

"唯灵教是史上最糟糕的骗局……我希望有一天看到它的灭亡。在我和妹妹凯特揭露了此事之后，我希望唯灵教会受到致命的打击。"

她们的自白取得了预想的效果吗？美洲8万唯灵教教徒是否会心怀恐惧，抛弃他们刚刚找到的新信仰呢？

令人难过的是，福克斯姐妹的自白带来的唯一后果是她们遭到了教众们的排挤和疏远。绝大部分的唯灵教教徒渴望保持死后灵魂永生的希望，不想让两个"酗酒者"阻碍他们的永生之路。

尽管福克斯姐妹在此之后试图收回自己的话，可是恶果已经酿成，她们继续被她们一手创建的宗教所孤立，最后在贫穷中死去。她们死后被埋葬在穷人的墓园，两个人都没能在死去后与幽灵的世界取得联系。

彼时，幽灵已经从瓶子里出来。桌灵转的仪式已经风靡美国和英国，更令人惊讶的是，桌子甚至开始说话。几年以后，这种游戏席卷了全世界。

魔鬼代言人

当时，人们的想法很简单，如果幽灵可以移动桌子，那么是否意味着可以通过这种方式来获取来自幽灵世界的信息呢？最初，人们尝试在桌子移动的时候向幽灵提问，并采用了福克斯姐妹发明的暗号，敲一下代表"是"，敲两下代表"不是"。后来，他们发觉这个方法效率太低，于是采用伊萨克·珀斯特发明的让幽灵挑选字母来组词造句的方法。当时有关记录表明，这个提问的环节可以用催人泪下来形容，请看对1871年爱丁堡一场桌灵转仪式的描述：

"桌子移动到某个特别时段，开始做奇怪的波形运动，并伴随着吱吱咯咯的响声。当时我那朋友觉得桌子的运动轨迹以及这声音让他想起了在海浪中挣扎的船，木头在风浪的吹打下发出咯咯吱吱的响声。紧接着，我那朋友突然叫喊道：'是戴维。'一瞬间，她的眼泪决堤，泣不成声——'噢，那一定是我可怜的、亲爱的兄弟戴维，他在海上失去音讯已经多时。’”

许多人对于能和桌子通话感到万分高兴，唯一批评的声音来自一个牧师，他认为是魔鬼潜伏在能说话的桌子里。1853年，这位名为N.S.戈弗雷的牧师，声称自己从马嘴里得到了确切的信息，如他在书中的陈述"桌灵转是魔鬼的最新把戏"。

戈弗雷还以自己的亲身经历为例，解释说，当他向桌子提问"魔鬼是否在你体内"时，桌子显示"没有"。当意识到魔鬼不会轻易地给出真实的答案时，他继续向桌子提问："我是否可以把《圣经》拿出来？"在桌子的颤抖中，戈弗雷将《圣经》放到桌面上，在《圣经》与桌面接触的一刹那，桌子停止了颤动。戈弗雷把这个见证作为魔鬼潜伏在桌子里的最好证明。你可能会联想，经过约一个小时的拷问，桌子不得不崩溃了，只得承认被恶魔附身。

只可惜，这只是你一厢情愿的想法，事实上，没有一个人跳出来附和戈弗雷，戈弗雷只好叫他的教会兄弟吉尔森牧师和狄布汀牧师重复他的实验。当他们得出相同的结论后，戈弗雷向大众宣布他的发现，并呼吁道，桌子是魔鬼的代言人，大家需要远离餐厅或是殡仪馆的木制桌子。

选择一个个字母，得到回答后再组成完整信息的沟通方式，在桌灵转仪式中终于因为其程序的复杂性和耗时性宣告终结。这时，唯灵教教徒们需要寻找一种更快捷的方式和幽灵沟通。他们开始尝试改进拼字方法，将一个个字母写在小纸片上，然后将这些小纸片在桌子上排列成一个圈，准备好一块向上摆放的可以滑动的玻璃，放在中间，将手指放到玻璃上。当他们提问的时候，让手指和玻璃自行滑动，从一个字母指向另一个字母，从而更快地拼读出信息。在这个过程中，仿佛有一个神奇的力量在推动着手指和玻璃不由自主地移动着，他们再次被幽灵世界的神奇折服。

这种沟通方式像野火一样蔓延开来，制造商们嗅到商机，批量生产小纸片和玻璃的替代品——通灵板。由于通灵板的价格并不高，人们很快抛弃了简易版的小纸片和玻璃，用通灵板中印刷好的纸板和带有小脚轮的木板（也被称为"扶乩"）代替。

通灵板自1891年被发明以后，迅速占领了市场，成为风靡美国和欧洲的主流占卜游戏。

继通灵板之后，人们对沟通速度的要求又提高了，大家又开始寻找更快捷的方式和亡灵对话。结果，铅笔取代了小脚轮木板，一张白纸取代了纸板。

忽然间，幽灵们可以通过笔和纸来传达信息了。这种"游戏"的玩法是，一部分人用手握住一支钢笔或铅笔，向幽灵的世界敞开心扉，直接从逝者那里获取信息。事后，这一部分人声称他们绝对没有通过意志力来控制自己的手，是幽灵在推动着钢笔或铅笔。这种新的沟通方式被称作"自动书写"。

有人沉迷于此，声称从幽灵的世界获得指引，完成了不少宗教文章、诗歌、散文等的书写。

直到20世纪20年代，唯灵教开始衰退，世界继续向前发展。当时，收音机和剧院的发明让人们在晚上有事可做，无须花费一个又一个晚上等待和已逝的亲友们对话。整个20世纪，唯灵教持续衰退。到目前为止，只有少数几个唯灵教教堂仍在开放，由少数几个眼看就要入土的老人在管理着，他们很快就能发现死后的真相究竟为哪般。

在唯灵教的鼎盛期，成千上万的人声称通过通灵板和自动书写仪式与亡灵取得了联系。那么，他们的说辞能作为死后灵魂永生的证据吗？那些看似神奇的幽灵指引，如何通过科学的方式进行解释呢？

幽灵们可以通过笔和纸来传达信息了。这种"游戏"的玩法是，用手握住一支钢笔或铅笔，向幽灵的世界敞开心扉，直接从逝者那里获取信息。

几位维多利亚时期的科学家非常渴望能发掘其中的秘密所在。当时，最先发现秘密的是一个了不起的男人，此人作为世界上最伟大的科学家之一，至今已名扬天下。

让我们欢迎探索无形事物的冠军——迈克尔·法拉第出场。

科学家法拉第的桌灵转实验

1791年，迈克尔·法拉第出生在伦敦南部一个收入微薄的家庭，他在幼年时期便迷上了所有和科学相关的事物。他的勤奋和求知欲很快引起了当时最具影响力的科学家、笑气（一氧化二氮）的发现者——亨弗利·戴维的注意。这也让法拉第在年纪轻轻时（21岁），就在伦敦的英国皇家学院寻求到一席之地。

法拉第终生都在英国皇家学院任职，他研究的题材非常广泛，且不拘一格。他发明了世界著名的本生灯，并发现了煤矿爆炸的主要原因是煤尘。他也曾指导英国国家美术馆如何清洁和收藏艺术品。另外，他还以燃烧的蜡烛为主题做了一系列备受瞩目的演讲。但是看上去，研究蜡烛燃烧的物理现象不大可能和研究超自然的精神现象沾上什么边。

法拉第最出名也最具突破性的研究是，对电和磁场无形的神秘力量的研究。他花了几个小时摆弄各种仪器，然后将一根铁丝弯成一个圈，把一块磁铁放在铁圈之间，此时他发现，磁铁的移动居然使铁丝产生了电流。这是科学史上的一个巨大突破：法拉第发现了电流和磁场之间的关联，为现代电磁理论奠定了基础，爱因斯坦对法拉第的研究深感钦佩，特意将法拉第的一张照片贴在了自己工作室的墙上，作为激励。

作为一个非常实际的男人，法拉第很快将他的发明应用到现实生活中，并制作出了现代发电机的前身。英国的财政大臣格莱斯顿听说此事后，询问法拉第这玩意儿的实用价值。法拉第的回答一直到现在都为世人称道："先生，有一天，您将为此征税。"

身为苏格兰长老教会的一个分支桑德曼教派的成员之一，法拉第拒绝了英国皇家学会主席的位置和一个爵位称号，因为他相信耶稣是不会接受这些荣誉地位的。出于道德立场的考虑，他还拒绝了英国政府向他提出的为克里米亚战争制造毒气的要求。他也从来不买保险，因为他认为那是缺乏信仰的表现。他的宗教信仰或许也是帮助他发现电磁现象的重要因素，因为相信上帝也就意味着相信自然界所有的事物都是相关联的，正因如此，他才去寻找电与磁之间的联系。

如果说找出神奇事物背后隐藏的无形力量是法拉第的专长，那么就很好解释他为什么会着手研究桌灵转仪式了。1852年，他组建了一个值得信任的桌灵转研究小组，并进行了一个非常巧妙的三阶段实验。这个实验至今仍被收入教科书，被用作研究不可能现象的经典范例。

在实验的第一阶段，法拉第将各种各样的材料粘贴在一起，包括砂纸、玻璃、湿润黏土、锡纸、胶水、纸板、橡胶、木材，形成一团奇怪的东西，并将它固定在桌子上面，然后他的小组成员将手放在这个奇怪的装置上，开始召唤亡灵。这组成员很快就让桌子移动起来，证明那捆材料并没有阻碍幽灵的动作。这个实验让法拉第觉得有必要在第二阶段继续改良他的实验。

回到实验室后，他开始制作几个同样奇怪的装置，每一个都包含了五张明信片大小的纸板，并用特制的胶水将纸板粘贴在一起（主要是保证黏性不会太弱，让纸板在接下来的状况中不会分离；同时又保证黏性不会太强，在持续的力量作用下，纸板可以分开）。法拉第非常仔细地将这些新的材料包好放在桌子周围，将最后一层纸板紧紧地固定在桌面上，并在每层纸板的边上画上铅笔线。准备工作完成了，第二阶段试验开始。小组成员将他们的手放到其中一个材料包上，然后让幽灵将桌子移向左边。几分钟后，桌子开始颤动。法拉第马上看了看自己精心准备的材料包，于是桌灵转之谜的答案找到了。

法拉第运用的原理出乎意料地简单，如果真有神秘的力量在驱使桌子移动的话，那么桌子应该是先于小组成员的手移动。如果是按照这个顺序移动的话，处于下面的几层纸板应该会先于上面的纸板滑出，让铅笔线的痕迹看上去是从左往右倾斜的。相反，如果手先于桌子移动，那么上层的纸板会先发生倾斜，铅笔线则会从右往左倾斜。桌子发生晃动后，法拉第只需看看铅笔线的轨迹就能清楚地知道答案。每一条线都是从右往左倾斜，很明显，是小组成员们的手在移动桌子。

这么说来，法拉第实验的参与者们是先想象桌子移动，然后在无意识的情况下，手掌和手指发生了轻微移动，使得桌子和他们想象中的一样开始移动。正因为他们手部的动作是无意识的，所以桌子的转动才会让他们如此惊讶，认为是幽灵在推动着。

于是法拉第又回到自己的实验室，制造了第二组充满奇思妙想的材料包。他准备了两张和明信片大小差不多的纸板，两张纸板之间放四个水平放置的玻璃棒，使其分开，这样就可以让上层的纸板在玻璃棒上自由滑动。这个由"纸板—玻璃棒—纸板"组成的"三明治"用两根橡皮筋捆在了一起。然后，法拉第把这个"三明治"固定到桌面上，并在上层和下层的纸板边上插上金属大头针。最后，再在这个"三明治"上加上一根15英寸长的草秆，用下层的大头针托住草秆的底部，再把上层纸板上的大头针穿过草秆，固定住它的上端，保证草秆是垂直竖立的。

这个方法再次证实法拉第是一个有趣且疯狂的家伙。他的设计原理是，草秆作为平衡的杠杆，上层纸板的大头针作为支点，即上层纸板任何细微的移动都将导致草秆发生非常明显的倾斜。这个装置非常简单而有效，它放大了参与者手部非常细微的动作，这样一来，法拉第就能通过要求参与者保证草秆的垂直，从而确保他们的手部保持静止。

此后，法拉第又带着他的桌灵转研究小组重新聚到了一起，让他们将手放在上层的纸板上，召唤幽灵，使桌子移动，然而这一次，他们被要求从头至尾使草秆保持垂直竖立，以确保手部绝对静止。小组成员按照他的指示去做，并竭尽所能像往常一样召唤幽灵，这次桌子没能再次移动。法拉第非常正确地证实了自己的想法，参与者无意识的手部动作是导致桌子移动的唯一也是全部的原因，而不是什么灵异力量插手。

法拉第的发现，在1853年的《雅典娜》（*Athenaeum*）杂志上发表，立刻引起了唯灵教教徒们的强烈不满和愤怒，有的还声称自己可以不触及桌子，让桌子移动。可奇怪的是，他们似乎不愿意到法拉第的实验室来，并在严格控制的条件下展示这种超能力。为什么会发生这种集体现象呢？这还得从人类最邪门的动力说起。

实战练习

桌灵转游戏

如果你成功操作过一次桌灵转仪式，那么你就可以给大家上一堂生动的应用心理学课。为了确保成功，请尝试以下十个步骤：

1.挑选合适的桌子。原则上，需要大约1英尺见方和2英尺高的桌子。至于是圆形或方形，由一条腿支撑还是四条腿支撑，这些都不重要。重要的是，它能够轻松地被挪动。你可以试试将手指放到桌子的边缘处，用力让桌子倾斜一点儿。如果很难挪动它，那么就换一张桌子。

2.邀请四到八个人到你家里来。他们相信来世也好，不相信也好，是不可知论者也好，这都没有关系。重要的是，他们都想有一个愉快的聚会。

3.在桌子四周摆设一圈椅子。这些椅子要很舒服，同时也要让人们坐在上面，不会想要往后仰。

4.让小组中的每个人都坐下，将手放到桌子上。他们的手不能碰到邻座的手，他们的指尖尽可能放松。

5.把室内的灯光调暗一点儿，放上一点儿轻音乐，营造一个柔和的氛围。让小组成员们一定不要推动桌子，保持手部完全静止。然后尝试和他们聊天甚至开玩笑，千万别想着做什么身体动作。

6.在这个美好的夜晚，有趣的事情就要发生了。约40分钟之后，你会听到桌子开始发出吱吱的响声。这是桌灵转仪式成功的初步信号。

7.再过10分钟左右，你应该会看到桌子的第一次颤动。如果桌子纹丝不动的话，那么有可能是你家的地毯太厚了。初步颤动之后，桌子开始疯狂移动，间或会发生只有单个桌腿着地也能平衡的现象。小组成员必须一致将手放在桌面，但不要试图去阻止桌子的移动。如果桌腿是能够滑动的，那么桌子会在整个屋子里四处移动。如果是这种情况，同样，小组成员的手仍不能离开桌面，如有必要的话，可以起身追随桌子移动。

8.不要试图分析这种情况是怎样发生的。相反，你只需要享受正在发生的事情，还可以让其他人将正在参与仪式的小组成员替换下来，看看他们是不是可以让桌子继续移动。你可以问桌子任何问题，试想桌子往某个特定的方向移动就代表某个特定的答案。最好不要问和小组成员相关的问题，以避免出现有人泪流满面的情况。相反，你可以试试问有关某个名人或虚拟人物的问题，看看会得到什么样的答案。

9.如果在40分钟后你没有听到任何吱吱的声音，也没看到桌子有任何移动，那么，就可以考虑让参与的每个人用意念的力量，使桌子朝某个方向移动。也可以尝试让每个人在约1分钟的时间内一同做深呼吸。如果桌子仍然没有移动的话，那么就悄悄地推一下桌子。这些都有助于整个仪式的成功。

10.在仪式结束后，感谢每个参与者，告诉他们，幽灵们可能会跟随他们回家，甚至有可能在他们的余生都和他们纠缠不清。

动念动作，人类最邪门的行为

法拉第的实验表明，无意识的手部动作是产生桌灵转现象的直接原因。受其启发，其他的研究者也开始探索，是否同样类型的无意识动作可以解释通灵板的奇异现象。

在我之前的一本书《怪诞心理学》（Quirkology）当中，我描述了我心目中的学术英雄——美国心理学家约瑟·贾斯特罗的工作内容。贾斯特罗在他的职业生涯中进行了许多不同凡响的研究，包括对潜意识、盲人梦境、催眠以及各种奇异心理现象的研究。然而，贾斯特罗尤其着迷的是对超自然现象的研究。19世纪90年代，他指导了一系列具有突破性的针对通灵板的调查，而使用的却是一个奇怪的工具，名叫"自动性运动描记器"。

自动性运动描记器的主体由两个玻璃板组成，每个约1英尺见方，由三个"转动灵活的铜球"将它们分隔开来，分为顶板和底板。玻璃底板附着在桌面上，玻璃顶板可以自由滑动。参与实验的人将手放在玻璃顶板上，即使是最轻微的动作也能让顶板在铜球上滑动。为了记录任何可能的动作，一支钢笔被吊在一根约10英寸长的杆子上，杆子的另一端则连接玻璃顶板。然后把一张纸放在钢笔的笔尖下，这样笔尖运动的轨迹就会被记录下来，同时这张纸可以涂上虫胶和酒精，作为长期保存的证据。总而言之，是一个叫贾斯特罗的人发明了这个能记录最轻微动作的工具。

在一系列的实验当中，贾斯特罗将记录笔和纸隐藏起来，让参与者把手放在玻璃顶板上静止不动，想象以下三个步骤：做某个特定的动作，观察屋内的不同物体，或仅仅想象屋内的一个物体。尽管参与者们没有意识到，想象屋内的某个特定方向或位置，已经足够引发他们手部的相应动作，但这一切都被贾斯特罗的工具——记录了下来。正如法拉第发现桌灵转现象的秘密一样，贾斯特罗发现，用同样的方法也可以解释通灵板的神秘现象。人们使用通灵板的目的，既不是为了和亡灵交流，也不是为了和魔鬼交流，而是为了与自己对话。

随后的研究认为，这些奇怪的动作就是"动念动作"，而且并不只限于桌灵转和通灵板。例如，在20世纪30年代，美国医生埃德蒙·雅各布森曾试图找到让人们放松的最佳办法。他让志愿者们想象各种不同的主题，同时让精密的传感器监测他们的肌肉运动。雅各布森让参与者们想象抬起手臂，结果发现他们的肱二头肌真的动了，尽管是很小的动作。如果想象抬起重物，则肌肉的动作就会更大一点儿。当他让参与者们想象跳高时，他们的腿部肌肉会突然做出反应。这个现象不仅仅局限在想象身体的动作上，还表现在当参与者们想象埃菲尔铁塔时，他们的眼睛会向上看；当让他们回忆一首诗时，他们的舌头会轻微地移动。正如法拉第当年的桌灵转小组成员一样，雅各布森的实验参与者们丝毫没有意识到，他们在做着细微的动作。

最近有更多的研究表明，这些无意识的行为经常发生。当你想象翻转书页时，你的手指肌肉会朝书的边缘方向牵引。如果你在想现在是几点钟了，你的头会不自觉地偏向挂钟的方向。如果你想着要泡一杯茶，你的腿会马上做出移动的动作。尽管对于为什么会有动念动作的发生还存在争议，但大部分的研究者认为，无意识的动作是身体为预想中的行动做准备的表示。仅仅一个念头，便足够让你的身体做好展开运动的准备，当真的开始这个动作时，你已经踩在了准备好的加速器上。

桌灵转和通灵板的科学研究不仅解开了灵异现象之谜，还引发了人们对于无意识行为的探索，发现了一种新的动力，即动念动作。在法拉第和贾斯特罗的经典实验应用的100多年里，研究者们都对他们找到的答案没有任何质疑。可以说，与亡灵对话的谜题也解开了，应该可以结案了。但是，不为他们所知的是，在桌灵转和字母卡片的背后，还存在第二个，甚至更多更为有趣的秘密。

实战练习
通灵板操作程序

1.选择一张合适的桌子。这一次，你需要一张更大的桌子（大约2英尺宽），正常高度就行，但要比在之前实验中的桌子更坚固。你可以试试用力挪动它，如果轻易地挪动了，那么就去找另一张桌子。

2.在每一张单独的纸片上写好各个不同的字母，接着将纸片摆成一个圈，然后在最后两张纸上分别写上"是"和"不是"，最后把它们放到字母纸片组成的圈中。

3.找一块结实一点儿的玻璃，把它平放在字母圈中间。

4.让大家围着桌子坐下，再轻轻把右手食指放置在玻璃上。

5.再一次把灯光调暗一点儿，营造一种轻松的气氛。请大家不要有意推动玻璃，要尽可能保持手指完全静止。然后，让他们聊聊天，开开玩笑。

6.让他们尝试与幽灵沟通。这一次，同样要避免问及有关参与者亲友的问题，可以尝试和已故的名人或虚拟人物联系。当玻璃有要移动的迹象时，要求幽灵让玻璃向字母上移动，并拼出他们的名字。

7.一旦和幽灵世界建立了联系，并已经弄清楚幽灵是谁，就可以做一个测试了。把字母纸片收起来，重新打乱顺序，将它们正面朝下，再摆成一个圈。

8.再次，让参与者打听一下幽灵的名字，让幽灵自己拼出来。当玻璃触到一张纸片时，就把它翻转过来。如果玻璃移动是参与者无意识的手部动作造成的，那么选出来的字母一定没有任何意义。因为写着字母的纸片是正面朝下摆在桌子上的，参与者看不到，所以他们的无意识行动也就没有了方向。

9.如果在座有人提出反对意见，说幽灵看不到字母，所以会选错，那么你可以再试一次，将纸片正面朝上，而把参与者的眼睛蒙上，让幽灵再选一次。你可以发现，选出来的结果同样是没有意义的。

10.如果参与者们在看不清纸片上的字母的情况下，还是让"幽灵"拼出了有意义的名字，那么就请马上联系当地的教堂，寻求帮助。

为什么无法赶走头脑中的白熊

许多经验丰富的玩转桌灵转和通灵板的高手，拒绝承认动念动作的存在，因为他们在玩这些游戏的时候，整个身体是没有动的，并声称来自亡灵的信息会持续不断地涌现。事实上，确实会发生这种情况，你越是努力克制手上的动作，手就好像越不听使唤。多年来，科学家把这种现象归因于过度想象和渴望确定。20世纪90年代，美国哈佛大学心理学家丹尼尔·韦格纳决定仔细研究这种现象。

韦格纳是个对白熊着迷的人，或者更准确地说，他着迷于让人们不要去想象他心中的白熊。他为此进行了一系列著名的研究，研究的内容是让人们不要去想象白熊，如果有人不小心让白熊闯进了脑海，他就会拉响警钟。实验的结果令人震撼，人们简直无法将脑海中的白熊赶走，他也因此不得不每过几秒就要拉响一次警报。韦格纳将自己发现的这个有趣的现象，称作"反弹效应"。

在一般情况下，人们可以控制自己的大脑，分散自己的注意力，将不喜欢的想法排除在脑海之外。但是，如果有意让他们不去想某个主题，他们就会时不时地让思维停下来，想："等一等，我是不是又在想那些我不该想的了？"

这样一来，人们就会不断地在大脑中重复这个自己想忘记的主题。韦格纳的"反弹效应"在很多场合都适用。比如，让人们刻意压制不愉快的记忆，他们反而无法忘记；让人们减轻压力，不要太紧张，他们反而会变得更加焦虑。再如，如果让失眠的人不要去想某些事情，他们的失眠可能会变得更严重。

韦格纳想知道这两种现象的发生是不是一个道理。比如，在桌灵转和通灵板的仪式中，尽管人们努力保持手部静止，但桌子和通灵板仍然会移动。这是不是证实了人们试图保持不动，反而导致不愿发生的动作发生了？

为了一探究竟，韦格纳决定进行无意识行为的另一个经典实验——钟摆实验。几个世纪以来，人们在钟摆的绳子上加上一些额外的重量，从钟摆的左右摆动或是圆形摆动中分辨胎儿的性别，或是预测未来、与幽灵进行沟通等。

韦格纳邀请了一些志愿者来到他的实验室，将一台摄像机对着天花板，然后让参与者们每人拿一个钟摆举在摄像机上面。接着，他将这些参与者平均分成了两个小组，让其中一组尽量不要朝某个方向移动钟摆，而让另一组人尽可能保持手部静止。

摄像机的镜头画面可以让韦格纳仔细观察钟摆的摆动幅度。和不让他们想起白熊的实验结果一样，不让他们触动钟摆，结果导致他们让钟摆摆动得更加剧烈。当韦格纳让他们在脑海里数绵羊不去想钟摆的事时，他们手部的无意识动作变得更加明显。这些发现可以帮助解释桌灵转和通灵板仪式中另一个有趣的现象，当围坐在桌子旁边的人一起唱赞美诗、聊天或开玩笑的时候，幽灵似乎更愿意出现。从这些现象可以看出，越是试图分散人们的注意力，努力克制人们的身体动作，越会鼓励他们做出更多无意识的动作。

韦格纳的研究表明，反弹效应让桌灵转和通灵板仪式变得更加具有欺骗性。参与者努力让自己的手保持不动，试图不去想手部的动作，反而为增加无意识动作创造了绝佳的机会，所以才会发生看似不可思议的现象。

行为的反弹效应不仅仅局限于降神招魂的场合，在另一个实验当中，韦格纳还让一组高尔夫球手挥球进洞，而让另一组球员不要得太高的分，结果后一组人进球的成功率更高。还有一个眼睛追踪的实验，让足球运动员在练习点球时，尽量不要踢到一个特定的目标区域，结果他们的眼睛反而无法从那个被禁止的区域挪开。运动员在实际的比赛中也确实存在反弹效应。比如，前大联盟棒球球员里克·安凯尔说，当不去想击出一个好球时，往往成绩会出乎预料地好（安凯尔给这种现象取名为"创造"）。

反弹效应还会影响那些想纠正自己某些行为的人，实验表明，那些不断压制自己抽烟念头的戒烟者往往很快就会放弃戒烟，而那些试图不去想甜点的节食者，会发现他们很难摆脱暴饮暴食的习惯。

受钟摆实验结果的鼓励，韦格纳把注意力转向了灵异现象中最为神秘的现象——自动书写。他的研究解决了一个长期以来最为棘手的哲学问题。

"复活"的马克·吐温：双重人格的幻觉

在所有自称能自动书写的人当中，最有名也最多产的可能要算来自圣路易斯的佩儿·柯伦了。柯伦出生于1883年，在她生命的头30年可谓是风平浪静。比如，自从高中辍学后，她尝试了多种不同的工作，然后结了婚，职业是音乐老师。

可在1913年7月8日，一切都改变了。那天，她试着用通灵板和亡灵对话，忽然间，她感到一个非比寻常的强大的幽灵出现了。这个幽灵说自己名叫佩恩思·沃尔斯，出生于17世纪的英格兰多尔塞特，在她的后半生，她搭乘了一艘前往美国的船，结果被印第安人谋杀了。

这个幽灵说自己名叫佩恩思·沃尔斯，出生于17世纪的英格兰多尔塞特，在她的后半生，她搭乘了一艘前往美国的船，结果被印第安人谋杀了。

　　柯伦尝试用自动书写的方式来记录某些信息，发现每次都能轻易找到沃尔斯小姐的幽灵。据柯伦交代，在接下来的25年里，她和沃尔斯小姐的沟通越来越频繁，沃尔斯小姐指引着她完成了3000首诗歌、一本戏剧和几部小说。这些著作在数量上非常可观。在读到沃尔斯小姐关于耶稣最后的日子的小说时，《纽约环球》（*New York Globe*）杂志的书评者将它和《宾虚》（*Ben Hur*）相提并论，而另一名评论家则认为："这是自福音书之后，描述基督的最伟大的小说。"

　　对唯灵教众徒来说，这些显得有些可惜，因为柯伦的自动书写并不能提供死后灵魂存在的证明。根据柯伦提供的信息，研究者无法找到任何佩恩思·沃尔斯小姐在历史上存在过的证据。而对于这些著作的语言分析显示，书中所使用的语言风格属于当代。小说中的背景设定在维多利亚时代，并不代表小说是由那个年代的人写的。最终，即使最狂热的信徒也只能得出连他们自己都感到惭愧的结论：佩儿·柯伦的优秀作品是她自己的创作，而不是超自然现象使然。

　　还有一些人声称自己可以和已故的著名作家进行通灵。柯伦的好友艾米莉·格兰特·哈特琼斯就是一个很奇特的例子。她说自己和马克·吐温的幽灵连上线了。1917年，她写了小说《捷普·赫容》（*Jap Herron*），据她所说，马克·吐温先生亲自指引着她书写。评论家们对她的声明不屑一顾，有一个评论是这样写的："如果马克·吐温要以这种方式返回人世，他的崇拜者们会希望他最好不要回来。"

　　当时，马克·吐温作品的版权所有者哈珀兄弟出版社甚至采取了法律的手段来指控，因为《捷普·赫容》这种劣质小说有损马克·吐温作品的销量。作为证据之一，哈珀兄弟出版社指出，马克·吐温生前就对死后的幽灵世界非常怀疑，根本不可能主动以幽灵作者的身份现身。媒体对此非常激动，期待着最高法院对史无前例的幽灵作者一案做出判决。可惜，让他们失望了，案件没有闹上法庭，艾米莉·格兰特·哈特琼斯和她的出版商最终决定在《捷普·赫容》试发行之前撤回了该书。

假设自动书写现象不是由幽灵导致的，我们又该怎样解释这种现象呢？直至20世纪90年代中期，才出现了一种特别流行的解释：自动书写属于某种心理分离现象。根据这种观点，人们的意识可以分成两个面，每个面都不知道另一面的存在，尽管他们都出自同一个大脑。这个观点听上去有点儿古怪，但获得了人们的普遍接受，这也可能是因为没有其他更好的解释了。于是，忽然间，每个人包括他们的狗看上去都拥有双重人格，而且这个观点还很快被应用到了精神病的临床研究上，医生鼓励他们的病人尝试进行自动书写，以此进入埋藏在他们心底没有被发觉的另一个世界。

然而，韦格纳先生在针对自动书写做了多种不同研究之后，提出了一种全新的更为激进的解释。和心理分离现象之说不一样的是，韦格纳的解释不涉及被困在同一副头骨中的多重自我的存在。如果他的解释正确的话，他的研究就帮助解决了科学史上最具争议性的问题。

从表面上看来，自由意志似乎没有任何争议。比如，你做出一个移动手腕的决定，你的手腕就会动；你决定抬起腿来，你的腿就会抬起来等。然而，这极其简单的情形隐藏着深刻的学问。

大多数科学家认为，人们的思维是大脑活动的结果。比如，现在你正在阅读这页书上的字，光线进入了你的眼睛，刺激到你视网膜后面的细胞。于是，视网膜上收集的信息会发射到你的大脑的视皮层，视皮层又将必要的信息传输到大脑的特定区域，从而使你能够从字句中获取含义。这个过程可以说是相当复杂且难以理解的，但最关键的是，所有这些都发生在你的眼睛和大脑中。

不过，如果需要突然做出决定，这个模式就会让人感觉不太对。

比如，我现在让你做一个决定，你可以选择继续阅读本段，或是离开去倒杯茶。不管你的决定如何，我可以肯定，你没有感觉到你的大脑在工作。你不会立刻感觉到有一股热血涌上你的脑袋，你也不会觉得你的左脑出现一股脉冲。

韦格纳聪明利索的解释是，"你是决策者"这个意识是你的大脑制造的一个了不起的错觉。据韦格纳说，你生命中的所有决定都是由你的大脑做出的。比如说，你决定站起来说话或挥手，等等。在大脑做出每个决定的瞬间，大脑完成了两件事：其一，它将这个信号传输给大脑的某个特定区域，让你能够感知到做决定；其二，它延迟了传输这个信号到你的腿、嘴或手臂。所以，从结果上来看，你是先感知你刚刚做了一个决定，然后才看到自己和决定相符的动作，因此，你错误地认为，是你，而不是你的大脑做了这个决定。简单来说，你就是这个机器里的鬼魂。

实战练习
如何应对错觉

很多年前，我在伦敦考文特做街头花园魔术的表演。我从观众中选出一个男人，然后用我身上的大袍子将他完全罩住。我站在他的身后，让他把手放在背后，然后我从袍子两侧伸出手来。观众就会误以为我的手是他的手，所以我就可以用我的手做出各种看似不可能的动作，让站在我前面的这位观众看上去像一个专业的魔术师。

　　心理学家丹尼尔·韦格纳就是用上面这个小把戏来说明人们的意志有趣的另一面。做这个实验时，你需要一面镜子和一个朋友，然后你站在镜子前，你的朋友站在你的身后，接着，将你的手放到身后去，让你的朋友将他的手臂放到你手臂的原来位置。此时，你再看看镜子，你会发现你朋友的手臂看上去就像你的手臂一样（如果你要让这种感觉更强烈，最好是用一件黑色披风将你们的身体罩住）。现在，请让你的朋友按照下面的指示，用他的手来做出相应的动作。

　　1.右手紧紧握拳三下

　　2.左手紧紧握拳三下

　　3.朝镜子挥动右手

　　4.两只手掌都朝上，然后朝下

　　5.两手相握两次

　　比起身体的动作，你的大脑对视觉信息的反应要更强烈，所以你应该会感觉到，你朋友的这双手是你自己的，是你正在控制着它们。

人类的自由意志不过是假象

　　韦格纳进行了各种巧妙的实验，结果都一再地印证了他的发现：人们的自由意志只不过是一个盛大的假象。值得一提的是，20世纪80年代，来自旧金山加利福尼亚大学的生理学家本杰明·利贝特也做了一个相当有趣的实验。

　　想象一下，你乘坐着时光穿梭机，参与利贝特的实验，抵达他的实验室后，你先是喝了一杯上好的茶，然后被带到一个小房间。他们在你的前臂和额头上放了几个电子元件。接着，你坐在了一个小屏幕面前，屏幕上正播放着一些圆点的圆周运动，就像是时钟里的秒针运转一样。你要做的是随意弯曲你的手腕，但在你每次决定要弯曲手腕时，要报告屏幕上的圆点位置。在做了几次手腕运动后，实验结束了，研究员将你额头和手臂上的电子元件取下来，谢谢你的参与。

　　就如法拉第研究桌灵转的实验一样，利贝特的实验既简单又巧妙至极。他的实验装置记录了参与者的大脑活动、前臂运动以及参与者决定移动手腕的精确时间。利贝特的数据显示，大部分大脑活动的时间，比起人们感知到做了这个决定的时间，要快大约1/3秒。简而言之，正如韦格纳预测的一样，你的大脑在你意识到之前就做出了决定。

　　利贝特这个实验不是唯一一个证明大脑的活动先于我们的意识的实验。在20世纪60年代初期，神经生理学家威廉·格雷·沃尔特就让他的实验参与者们一边看着投影幕布，一边用手按按钮来使幻灯片一张张翻页。此时，参与者身上也同样放置了不少电子传感器，用以监测他们脑部的特定区域以及手部的活动。参与者们有所不知的是，格雷·沃尔特将传感器监测的结果直接传送到幻灯片上，以确保大家都可以看到，是大脑的活动在使幻灯片翻页，而不是手按按钮这个动作。和韦格纳自由意志理论预料的一样，参与者们惊讶地发现，幻灯片似乎可以预测出他们的决定。

　　这些研究结果如何与自动书写挂上钩呢？韦格纳认为，对于有些人来说，"大脑做出决定，然后创建关于这个决定的意识"这种机制可能会失灵。大脑做出采取某项行动的决定时，会将正确的信息发送到相应的肌肉，但并没有顺利传输创建这个行动意识的信号。在自动书写这种意识中，大脑只会导致如行云流水般的书写，但不能让人意识到是自己做出书写的决定。韦格纳还指出，自动书写对自由意志的核心本质提供了独特的重要见解。在这些研究中，我们可以看到，幻觉在忽然之间破灭了。同时我们发现，自己真的像一个机器人那样由很多复杂而微妙的程序组成。由此可以看出，自动书写不是什么灵异现象，而是人们日常行为的本质反映。

唯灵论者认为，他们与亡灵的对话技巧使最前沿的科学都黯然失色。他们是正确的，尽管他们的理由是错的。这些所谓的灵异现象和灵异根本挨不上边，但它们确实给无意识现象的科学研究提供了重要的线索和依据。

通过针对桌灵转和通灵板的科学研究，人们发现了动念动作的存在；钟摆实验让人们发现，越是想避免某个行为就越会沉迷于它；对自动书写的研究，则让韦格纳找到古老的自由意志哲学命题的天才解决方案。这些研究向我们证实，无意识形态在支配人们行为方面发挥了比我们想象中更重要的作用。不论你想到哪一种动作，你的无意识行为都会为你做好相应的身体准备。当你压制自己进行某种行为的想法时，你会发现你已经无意识地被这种想法所控制了，而你现在正感受到的自由意志只是一个严重的错觉。无意识行为让你在眨眼间已经做出了某个动作，这也可以用反弹效应解释为什么有那么多的戒烟者和减肥者都失败了。韦格纳的自由意志答案告诉我们，大脑在你意识到达之前的1/3秒先行做出了决定。然而，所有这一切都源于两个调皮的小女孩——她们用一根绳子吊住一个苹果，悄悄地在地板上玩起扔苹果的游戏，忽悠了整个世界，并让人们相信了这是和亡灵的对话。

你可能会认为，这个时代先进的头脑不会被桌灵转、通灵板以及钟摆游戏背后的无意识现象所迷惑。虽然这样想很棒，却是错的。有几家公司最近宣布，他们研究出了一种新型炸弹探测器，这个探测器可以让警察或士兵找到潜藏的炸弹和武器。

这种仪器操作起来很简单，只需在仪器里插入一张"探测卡"，然后拿着它在目标区域四处走动，直至仪器的天线开始摇晃。伊拉克政府花了数百万英镑购买了几百个这种仪器，试图用这些仪器来代替非常耗时的人工寻找。

就像通灵板中的那根小指示棒一样，天线的移动是手部无意识的肌肉运动所致。美国军方的测试发现，这些仪器根本就不能探测出隐藏的炸弹。不幸的是，当得出这个结论时已经太晚了，因为数百名无辜的市民在通过没有被探测出炸弹的检查站时被炸死。

1853年，迈克尔·法拉第结束了他对桌灵转仪式的研究。最后，他表示，对于这个调查他感到相当羞愧，希望在这个时代，不要再有科学家来做这种调查。150多年过去了，仍有人在摸着石头过河。

现在是中场时间，让我们稍做休息。在这一部分，我们将拜访非凡的哈利·普莱斯，并去往马恩岛寻找会讲话的猫鼬。当然，我们还会请出英国最高法院。

到现在为止，我们已经探索过了通灵阅读如何让你深刻地认知到自己是谁，灵魂出窍的体验如何揭示你的大脑决定你可以灵魂出游到何处的奥秘，展示了所谓的意志力让你看到的并不只是摆在眼前的那些东西，并且探讨了如何试图和死者交谈来证明心理潜意识的能力。在继续我们的探索之旅之前，是时候该喘口气短暂地休息一下了。做关于超自然的公共讲座时，我经常会被请求描述在我的研究过程中遇到的最奇怪的一个发现。这是一个容易的决定。我选择研究的部分没有任何关于人类行为和深层人脑作用的重要发现。然而，这部分内容登上了世界报纸的头版，导致英国司法系统出现了历史上最诡异的一次审讯，也提供了一个得以洞察人类易受骗的原因的两个极端的机会。所以现在休息一下，让我们放松下来，然后去享受这个最奇怪的调查。

下面，让我们来认识一下加夫，世界上第一只，也许是唯一一只会说话的猫鼬。

一只会说话的猫鼬

世界上很多地方都存在大量久负盛名的灵异现象，马恩岛就是其中的一个。根据维基百科的记载，该岛上最诡异的事件是出了一位邪灵，它曾吹掉教堂的屋顶，还有一只幽灵黑狗，它经常游荡在当地城堡周围，另外就是一对仙人夫妻。实际上，比马恩岛更奇怪的这类超自然、超科学的事件很多，人们经常有所耳闻。

1916年，詹姆斯·欧文做了一个怪异的决定。当他在利物浦靠卖钢琴越来越难以为生时，欧文认为他和妻子最好的出路还是去当农民。很快，两人购买了卡申狭地的一小块土地，这里也许是世界上最与世隔绝、最人迹罕至的地方了。卡申狭地位于马恩岛西岸的半山腰风口处，离岛上最近的村子有5英里，没有电，也没有自来水。与让人快乐的乡村生活不同，詹姆斯和玛格丽特夫妇二人的乡下生活很艰难，他们只能以牧羊犬捕获的兔子为生。两年后，玛格丽特生下了他们的第一个孩子，也是唯一的孩子，取名"薇萝莉"（"苦难"的意思）。

1928年冬，为了避寒，詹姆斯给农舍安装了木地板，地板与墙壁间预留了3英寸的间距。1931年10月12日，詹姆斯似乎听到了地板下边有动物的声音，尽管感觉很奇怪，但他还是认为可能是小动物被困，所以放好捕捉器和捕药后接着上床睡觉。可奇怪的声音一连数天从未间断，詹姆斯学狗叫想赶走不速之客，然而，让詹姆斯感到惊讶和沮丧的事情发生了——反馈回来的也是詹姆斯的狗叫声，神秘的野兽似乎在模仿詹姆斯的声音。

詹姆斯在日记中记下了他下一步准备采取的措施：

"我突然想到，如果它能够模仿我的模拟狗叫声，那他也一定能模仿其他的声音，于是我先模仿其他的动物发出声音，然后说出动物名称，这样连续几天，只要我说出动物的名称后，马上就能听到相应的叫声。我女儿还实验过儿歌，也是一样的。这个生灵的神秘嗓音比人类高两个8度，大概离我们有5米远，它能重复你所发出的声音。"

　　全家开始和新朋友聊天，最后真相大白，神秘生物不是别的，正是加夫这只会说话的猫鼬。加夫说自己与正常猫鼬不一样，它于1852年生于新德里，它说自己"非常非常聪明"，堪称"世界第八大奇迹"。

　　事实也证明加夫是个很聪明的玩伴，能背诵儿歌、讲笑话、用多种语言聊天。它还能带给你很多惊喜，比如，詹姆斯在日记中记述了1934年7月的一个傍晚，加夫先唱了三句马恩岛岛歌，"它的音调高而清晰，前两句是用西班牙语唱的，接着一句是用威尔士语唱的，随后是用纯正的希伯来语（不是意第绪语）做祷告，最后用佛兰德语结束了演讲"。欧文一家用腊肉、香肠、香蕉款待了加夫，作为回报，加夫则捕杀了很多兔子放在附近的岩石上。

　　尽管与加夫交谈非常容易，但是要想看到加夫那就困难了。薇萝莉是唯一一个真正见过加夫的人，她说加夫的皮毛略带黄色，尾巴很大，毛很长，个头跟小老鼠差不多。玛格丽特也说她曾透过墙上的裂缝亲自抚摩过加夫，但是因为手指被它咬出血，所以她不愿意再抚摩加夫了。

　　加夫的消息最终不胫而走，各地游客纷至沓来，人们热切地希望能和欧文家的新朋友进行交流。一年之内，卡申狭地的新闻跨过了爱尔兰海峡传到不列颠岛，各地记者也纷纷来到欧文这个偏远的农户家采访，希望能够看到加夫。1932年，为数不多的几位记者有幸采访到加夫，《曼彻斯特简报》（*Manchester Daily Sketch*）的一位记者就是其中之一，他写道：

　　"今天神秘的猫鼬跟我说话了，我听到一种不像由人类喉咙里发出的声音。我敢保证，这是一种奇怪的黄鼠狼声音，我当时绝对神志清醒、诚实老实，我敢承担责任，这绝非恶作剧。这只黄鼠狼甚至还给了我提示，让我在全国赛马会上赌赢！"

　　加夫的消息传到美国后，一家电影代理商当即出价5万美元，向欧文

加夫是个很聪明的玩伴，能背诵儿歌、讲笑话、用多种语言聊天。

购买电影摄制权，但是欧文一家婉言谢绝了。不管怎么说，会说话的猫鼬加夫征服了整个世界。

出色的幽灵猎人

我很喜欢哈利·普莱斯，事实上我是他的粉丝。普莱斯毕生致力于诡异事件的科学研究。20世纪30年代，他在国家心理学研究实验室进行了一系列研究，不但吸引了媒体，还把灵异现象的支持者和怀疑者两方都给激怒了。普莱斯揭开了著名灵异现象摄影大师的欺诈内幕（主要是二次曝光法），测试了由介质（主要是鸡蛋清）物化而成的所谓"外胚胎层质"，把一只山羊变成年轻男人的古老仪式重新搬上舞台（山羊始终都是山羊），拍摄了《卡拉奇》（Karachi）这部电影，试图用电影的方式讲述印度绳索之谜（实际上普利茅斯的阿瑟·德比曾经在赫特福德郡的维特汉普斯塔德做过类似的表演）。然而，依我之见，普莱斯最大的成功在于对加夫进行了细致的研究。

1932年，欧文的一个朋友写信给普莱斯，叙述了卡申狭地的猫鼬奇闻，问普莱斯是否"愿意采访一下这个小野兽"。普莱斯给詹姆斯·欧文回了信，随后两人的书信往来非常愉快。欧文不断邀请普莱斯来岛上访问，普莱斯苦于旅途太过艰辛，于是请自己的一位军人朋友赴岛参与调查，这位军人就是詹姆斯·麦克唐纳上校。

麦克唐纳上校于1932年2月12日抵达卡申狭地。第一天，直到午夜，加夫都很安静，午夜过后，当麦克唐纳准备离开农舍回旅馆时，他听到了最传统不过的马恩岛式问候，猫鼬问道："那个该死的男人是谁？"

　　第二天，欧文解释说，加夫整晚都非常健谈，可就是对麦克唐纳的最初印象不是太好。事实上，猫鼬甚至提出要求，要麦克唐纳大声喊出："我相信你，加夫！"不然双方的交谈就不能继续下去了。麦克唐纳遵命照办，可仍受到了令人尴尬的沉默的款待。

　　当天晚些时候，麦克唐纳听到薇萝莉和玛格丽特在楼上向加夫喊话，说："你不想下来吗？我相信你！""不，"加夫尖声回答，"我不喜欢你！"为了继续调查，麦克唐纳缩到楼梯间想要慢慢接近加夫，不过由于不小心滑倒，惊吓了加夫，它当即失踪。此后麦克唐纳又在农舍停留了一段时间，但是始终没有等到加夫回来。回到伦敦后，麦克唐纳给普莱斯写了一份内容详尽的报告。

　　1935年3月，詹姆斯·欧文给普莱斯送去一份据称是加夫从自己身上撕下来的皮毛样本，普莱斯兴奋不已，将其转交给自然学家F.马丁·邓肯分析，结果令人失望：

　　"我可以非常明确地说，这份样本不是猫鼬的毛发，也不是老鼠、兔子、松鼠或其他啮齿类动物的毛发。我认为应该是长毛狗的毛发。"

　　普莱斯怀疑这是欧文牧羊犬莫纳的皮毛。因为感觉麦克唐纳的报告不够详尽，普莱斯决定与同事理查德·兰伯特一同亲自前往现场进行调查。1935年7月30日，两人来到马恩岛，不辞辛劳赶到卡申狭地。当天晚上，詹姆斯和玛格丽特把薇萝莉介绍给两个人，薇萝莉现在17岁了，容貌姣好。大家摸黑围坐在餐桌边静候加夫。詹姆斯解释说好几天都没见到加夫，它目前躲人躲得很厉害。

　　普莱斯和兰伯特很镇静，环顾房间四壁，说他们不辞辛劳、长途跋涉来到这里没有别的什么目的，就是想听加夫"说几句话，发出一声尖叫，哪怕是听听磨爪的声音也行"。第二天早晨，普莱斯和兰伯特再次来到农舍，得到允许后，他们一间房一间房地搜查，希望能有幸见到失踪的加夫。他们恳求"世界第八大奇迹"再次显露。不过，最终还是什么都没发生。最后，两位英勇的研究人员只好离开了，临走时他们不知道"自己参演的是一出滑稽剧还是悲剧"。后来詹姆斯写信给普莱斯，说加夫在他们离开后的当晚就出现了，加夫解释说"这几天它度假去了"。

1936年，普莱斯和兰伯特把对加夫的调查结果整理成册，即《卡申狭地的幽灵：现代奇迹调查》（*The Haunting of Cashen's Gap: A Modern "Miracle" Investigated*）。虽然文中没有明确奚落欧文一家，但是普莱斯和兰伯特明显对此事不再关心了，他们的结论是，只有最容易轻信的人，才会相信那些关于加夫的传言。

许多人都会认为，《卡申狭地的幽灵：现代奇迹调查》一书应该给整个事件画上一个句号了。但是事实上，这让加夫在最不可能的地方获得了出头的机会——英国最高法院。

请出英国最高法院

在加夫事件中，普莱斯的同事理查德·兰伯特是个有影响力的人物。兰伯特是《听众》（*The Listener*）杂志的创刊编辑，并身兼英国广播公司资助的英国电影学院的董事等关键职位。1936年，伦敦市政议会的主要成员中校塞西尔·宾厄姆·莱维塔爵士和BBC节目副总监一起吃午餐时，提议说，兰伯特不适合担任英国电影学院董事的职务，理由是兰伯特居然相信猫鼬能说话。当这一消息传到兰伯特那里后，他向法院提起上诉，说受到人格诽谤。

诽谤案在1936年11月4日被移送到最高法院，包括法官和陪审团在内，每人手拿一本《卡申狭地的幽灵：现代奇迹调查》。莱维塔否认自己诽谤了兰伯特，称其从未说过上述言论，即使有过这些言论，对兰伯特来说也完全是有道理的。兰伯特表示，这本书明确表明了他的观点，他并没有承认过加夫事件的真实存在。为了保全声誉，法官很快就站到了兰伯特一边，并判处兰伯特应得损失费7500英镑（约合今天的350 000英镑）。审判结束后，兰伯特象征胜利地在陪审团成员的书上做了亲笔签名。

该审判有两个重要的后续影响。案件审理期间，BBC公共关系部负责人曾试图劝说兰伯特放弃与莱维塔对立，这样则能够保全"他在BBC的职位"。随后国会提出聆讯，政治人物们通过这件事情发现BBC管理不善。于是，首相斯坦利·鲍德温对BBC发起了一项调查，使得BBC从老男人的媒体变成了更正式、更透明化的客观媒体。其次，由于针对猫鼬的媒体报道越来越多，猫鼬随即成为英国最受欢迎的宠物。

最后加夫完全失去了消息，1970年，作家沃尔特·麦格罗追踪到薇萝莉，就整个事件采访了她。为了不让自己的住址公开，薇萝莉仍坚持说加夫的确存在过，还定期与她聊天。薇萝莉讲述了有一阵子这只聪明的猫鼬离开的时间比往常要长，直到有一天，再也没有回来。薇萝莉说加夫对她的人生影响是负面的："加夫甚至让我无法成家，我要如何就加夫的事和男友的家人讲清楚呢？"2005年，薇萝莉辞世。

1937年，卡申狭地被卖给一位名叫格雷厄姆的先生，欧文一家则回到英国本土。格雷厄姆从来没有看到也没有听说过加夫。1947年，卡申狭地的新房主声称杀死了一只怪异的动物，既不是白鼬也不是棕毛鼬。他的新说法尚未得到证实，也从未有谁分析过那只动物的尸体。在20世纪50年代卡申狭地被夷为平地后，加夫的神秘传说依然在流传。现在，加夫已经有了自己的Facebook（脸谱网）主页，另外，最近还有一家关注超自然力的网站，称加夫是"来自其他维度的超自然生命"。

也许整个故事的结尾应该回到加夫。

詹姆斯·欧文描述说，他曾指责加夫计算13便士加6便士等于多少的时间太长。那自称"世界第八大奇迹"的生命的回答既恰如其分又让人困惑，可以算是对整个事件所做的归纳："我的直肠电话失灵了。"

怪诞心理学 / 2

不可思议的心理操控

第五章

看到幽灵？人类心理暗示的能量与误区

本章中，我们将花大量的时间来研究闹鬼现象，追寻研究者们曾把房子拆除以寻找不存在的幽灵，学会如何看到鬼魂并探索内心暗示的秘密。

　　有一个关于一位大学教授的经典笑话，教授问课堂上的学生："在座的各位有没有谁看到过鬼魂？"15名学生举起手来。接下来，教授继续问："在座的各位有谁摸到过鬼魂？"这次只有5名学生举起手来。教授接着补充说："有谁和鬼魂接吻过吗？"坐在中间的一个男生慢慢举起手来，有点儿紧张地看看周围，怯生生地问道："不好意思，您是说鬼魂还是山羊？（鬼魂英文为ghost，山羊英文为goat，发音接近）"

　　对全美国范围内进行的有关鬼魂的调查结果显示：大约有30％的人相信鬼魂的存在，约15％的人声称自己亲身遭遇过鬼魂。进一步的调查显示，这些说自己碰到鬼魂的人并不认为鬼魂是传说中穿着白衣穿墙而过的人影，也不是穿着黑衣带来死亡和厄运的女人，更不是在墓地里四处晃荡的骨骼或带着锁链的无头骑士。实际上，他们所见到的鬼魂要世俗得多。

　　我的同事詹姆斯·浩兰对人们遇见鬼魂这一现象做了大量研究。詹姆斯是一个有趣的家伙，性格温和，曾经在一个有名的交友网站从事创建增加配对率的数学模型。到了晚上，他就变成现实版的捉鬼人，并进行了多种调查研究，志在解开闹鬼之谜。几年前，他分析了近千起遇见鬼魂的事件，收集整理人们确定遇到鬼魂时的详细报告。

　　浩兰的研究表明，完整的鬼影非常罕见。只有1%的目击者说自己看到了鬼的完整面目，且大多发生在刚醒来或即将睡着的时候。据这些目击者说，鬼魂的真面目和普通人没什么两样，只有当他们做出一些不可思议的事情，比如突然消失或穿墙而过时，你才会知道他们是鬼。

　　那么另外99%的人所遇到的鬼魂又是怎样的呢？据浩兰的记录统计，约有三分之一的人说遇到的鬼魂只是一个跳跃的视觉现象，比如一道闪光、一缕轻烟，或是在屋子里偷偷移动的黑影。还有三分之一的人说只听到了鬼的声音，比如空房间里的脚步声、幽灵般的窃窃私语，或是莫名其妙的碰撞敲击声。剩下的三分之一的人说鬼魂是一种掺杂着各种感官体验的混合体，比如花和雪茄的奇特香味、一种后背发凉的感觉、门的突然打开闭合、时钟忽快忽慢、狗异常吵闹或安静。

　　一个多世纪以来，科学家们试图解释这些奇怪的体验。有的人坚信，这些现象证明了死后灵魂的存在，还有的人认为灵异现象只是表面，背后一定有现实的答案。研究鬼魂的历史悠久，包罗万象，包括具有突破性的梦境研究、潜入鬼屋、调查钝头剑、在黑暗中等候神的降临、摇晃整个建筑物直至它分崩离析，以及开展大规模的恶作剧。

　　好了，让我们先来看看最广为人知的闹鬼事件，再一起踏入这个诡异的幽灵世界。

《梦魇》，一幅反映灵异现象的画作？

　　1781年，瑞士画家亨利希·富塞利创造了他最著名的作品《梦魇》（*The Nightmare*）。在这幅作品里，他描绘了一个女人以及她可怕的梦境。画中，女人正在酣睡，她躺在床上，手掉到了床边，一个长得像恶魔的小人坐在她的胸口，将画布撕开。在画的另一端是一匹马的头，它从窗帘的背后探出来，瞪着一双充满感情的眼睛，朝女人狠狠地看着。

《梦魇》在伦敦的皇家艺术馆展出时，一炮而红，很快获得了全世界的赞誉，几乎成了所有幽灵研究著作的专用封面。多年后，富塞利又创造了这幅画的第二个版本《梦魇2》（只是创作动机不同，这次是为了钱），人们普遍认为《梦魇2》没有带来和第一个版本同样的情感冲击，部分原因是，这次幽灵看上去好像戴了一个蝙蝠侠的面具，而马看上去也像刚刚中了彩票似的。

富塞利的《梦魇》之所以受到大家的追捧，是因为它描绘了最常见的遇鬼事件——梦魇的到来。传说中，梦魇附着于一个男人形体，他拥有巨大而冰冷的阴茎，强迫女人和他睡觉（据说亚瑟王的巫师梅林就是这样诞生的）。梦魇坐在受害者的胸口上，防止她反抗，做着他的恶魔勾当，而同样邪恶的幽灵则在床边恶狠狠地看着。这个场景的描绘可谓男女通杀，有传言，梦魇也可以附着于一个女人形体，诱惑正在睡觉的男性，不同的是女版梦魇没有冰冷而巨大的阴茎。梦魇在不同的文化背景中都有出现，在德国，这个恶魔被称为"mare"或"Alpdruck"；在捷克和斯洛伐克，他被称为"muera"；法国人称他为"cauchemar"。

如果说富塞利这幅画所表达的梦魇体验，在当时被认为是最为骇人的灵异现象，那么在21世纪仍是如此吗？事实上，调查表明，大约有40%的人仍然会遭遇同样的梦魇，比如醒来后感觉胸口受到重压，恶魔就在身边，黑暗中出现奇怪的影子。这些场景可以被理解为遭遇恶魔、鬼怪，甚至被外星人绑架的证据。不管他们怎么理解，有一点很清楚，

即使是对于现代人而言，梦魇仍是难以忘记的可怕
体验。

即使是对于现代人而言，梦魇仍是难以忘记的可怕体验。

几个世纪以来，许多声称在夜晚与恶魔面对面接触的人都认为自己已经去过地狱。直到最近他们才明白，他们并没有去过地狱。

找到通往神秘梦境之门

1951年，芝加哥大学的心理学家尤金·阿瑟林斯基的研究生涯一开始并不太顺，他的博士后研究课题"婴儿睡眠中的眼睛移动"，进展缓慢，成果甚微。此时，他的家庭财务状况又出现了困难。因此他一家人被迫住在一个又小又冷的公寓里，他几乎没有钱租一台打字机来完成论文。几年后，他描述了当时的绝望心情：

"如果说我有过自杀的念头，那就是那段时间，作为一个有家室的男人，在大学里待了20年，却没有做出什么成绩出来，真是窝囊至极。"

此外，他研究的是非主流课题，根本不能引起其他同事的兴趣。当时大部分的学术观点都认为，人一旦睡着了，大脑就处于休眠状态，只有在醒来后，大脑才恢复工作，这和阿瑟林斯基的睡眠心理研究是相背离的。然而，阿瑟林斯基怀着不撞南墙不回头的决心，打算对睡眠中的大脑一探究竟。因为没有找到合适的赞助，他只好从学校地下室把一台破旧的脑电波检测仪搬到了办公室，凑合着让它发挥作用。可是，仍存在一个很大的问题，如果没有赞助的话，谁会愿意在阿瑟林斯基的睡眠实验室睡上几宿呢？最终，他还是找到了解决的办法。1951年12月，一个寒冷的傍晚，他把8岁大的儿子阿尔蒙德拽到了实验室的床上，在他脸上和头上放上眼睛运动和脑电波的监测仪，然后返回自己的办公室。

约一个小时后，阿尔蒙德渐渐地进入了睡眠状态，实验开始。

前40分钟，阿瑟林斯基仔细地观察追踪脑电图的监测笔，发现大脑没什么活动。可在接下来的20分钟，监测笔开始做涂鸦运动，表明大脑和眼睛的活动频繁。

阿瑟林斯基估计也许是儿子醒了，他走向睡眠实验室去看看是否一切正常。当他打开实验室的门时，他简直不敢相信自己的眼睛，他的儿子睡得很沉。

起初，他还以为实验装置出了故障，在检查后发现，没有什么明显的问题。

第二天，他把这份脑电图给他的导师看，他的导师也同样认为可能是机器出了毛病，要阿瑟林斯基再给设备做一次彻底的检查。

检查结果表明，设备非常正常，没有任何问题。

在连续让儿子睡了几晚实验室后，阿瑟林斯基得到了同样的实验结果。于是他开始相信，这个结果是真的——在睡眠的某个时段，大脑会出现异常活跃的情况。

进一步的研究发现，睡眠中突如其来的脑部活动还同时伴随快速的眼球运转。

阿瑟林斯基把这个现象称为快速眼球运动，简称REM（他本来想取名叫"眼球抽筋"，但考虑到抽筋蕴含着贬义，就放弃了）。关于这个现象更有意思的是，每次当阿瑟林斯基把一个刚刚发生REM现象的实验者叫醒时，他们都说刚刚做了一个梦。

1953年9月，阿瑟林斯基和他的导师将研究结果写成报告，公开发表，这篇经典的报告标题为"睡眠中眼球运动的出现周期及伴随现象"（Regularly Occurring Periods of Eye Motility，and Concomitant Phenomena，During Sleep）。

几乎就在这篇报告发表之后，研究者们意识到，睡眠中的大脑远比他们预料的要活跃，阿瑟林斯基找到了通往神秘梦境之门。正如后来一个研究者评论的那样："这就好像是找到了大脑的一片新大陆。"全世界的科学家们都突然非常渴望进入这个研究的更深领域。奇怪的是，阿瑟林斯基却并没有加入他们。

作为一个坚决不随大溜、永远保持旺盛好奇心的博学者，阿瑟林斯基在完成这个具有突破性的研究后离开了芝加哥大学，转而研究鲑鱼身上的电流现象。

睡眠的五个不同阶段

到目前为止，研究者们已经发现并确定了睡眠的五个不同阶段。

刚进入睡眠不久，被称为睡眠的第一阶段。

在这个阶段，大脑仍十分活跃，产生高频率的"阿尔法"脑电波，此时人们常能体验到两种幻觉现象，分别为"睡前幻觉"和"醒前幻觉"。两者都能导致大量的视觉想象，比如无规则斑点、明亮的线条、几何图案以及神秘的动物和人类的影像。这些想象画面常会伴随奇怪的声音，比如巨大的碰撞声、脚步声、轻声低语、演讲片段等。有意思的是，这些睡眠想象被人们误读成幽灵的存在证明，错了几百年。

如果你安然无恙地度过了睡眠的第一阶段，恭喜你来到了睡眠的第二阶段。

在这个阶段，你的大脑同样不会平静，而是会产生一种突发的活动，被称作"纺锤现象"。第二阶段一般持续20分钟左右，并伴随喃喃梦呓甚至清晰的梦话。

接下来，你会来到睡眠的第三阶段，这时你的大脑和身体开始放松下来。

20分钟过后，你终于来到睡眠的第四阶段，深度睡眠。

到了这个阶段，你的大脑活动最少，呈现一种非常缓慢的三角形脑电波。尿床或者梦游的状况，一般都是在这个阶段。

约30分钟过后，睡眠的第四阶段会出现非常奇怪的情形。你的大脑会快速闪回到睡眠的第三阶段、第二阶段、第一阶段，并呈现出在第一阶段出现的高频率脑部活动，你的心跳会加速，呼吸变浅，产生阿瑟林斯基多年来潜心研究发现的REM现象。但凡这个时候，你都在做梦。

每个人每晚都会经历四次REM阶段，每次都持续大约20分钟。尽管有些人在一觉醒来后认为自己没有做过梦，但如果把正在经历REM的睡者叫醒，他一定会告诉你他做了一个梦。所以，每个人晚上都会做梦，只是有些人在早上起来后不记得了而已。

进一步研究表明，当你在做梦时，会有两件奇怪的事情发生。

第一，你的生殖器官会变得活跃。男人的阴茎会勃起，女人的阴道会变得湿润。虽说这个发现在20世纪60年代具有突破性，但有的人指出，早在17 000年以前，拉斯科洞穴壁画就描绘了一个正在做梦的克鲁玛努猎人阴茎勃起的画面（也有可能，这位猎人刚刚完成了一次愉快的狩猎）。

第二，尽管你的大脑和生殖器在做梦的时候会表现得很活跃，但你身体的其他部位一片沉寂。事实上，你的脑干完全阻止了你的四肢和躯干的运动，以免你在做梦的时候伤害到自己。

就像你的大脑会用奇怪的想象画面忽悠你，让你以为看到鬼影一样，大脑也会让你以为碰到了邪魔。当你在睡眠第一阶段和REM状态之间切换的时候，你的大脑也有点儿糊涂了，因为你一边经历着属于第一阶段的"睡前"和"醒前"的想象状态，另一边又经历着REM状态，伴随性兴奋和身体其他部位的沉寂。这种可怕的混合体验让你觉得胸口发闷，仿佛受到了重压，把你按倒在床上，就好像被一个或两个邪魔缠身。

几百年来，有相当比例的人声称他们受到了恶魔、鬼怪和外星人的攻击。针对睡眠状态的研究，不仅解开了这些妖魔鬼怪之谜，还提出了将妖魔鬼怪驱逐出室的最佳方案。不是做弥撒、洒一点儿圣水或精油，而是尽可能地眨眼或动动手指。即使是很小的动作，也能让你的大脑从REM状态返回到睡眠的第一阶段。在你知道之前，你已经醒来并安稳地回到了现实。

于是，那些以为遇到鬼的人不得不承认，梦魇不是来自地狱的通告，而是大脑设计精巧的诡计。可是，他们仍然对鬼怪事件半信半疑，他们将注意力集中到一个对科学家来说很棘手的问题上——大部分的遇鬼事件都不是在睡觉时发生的。因为人们白天在英国保存最完好的王宫——汉普顿宫，似乎也能遇见鬼。

实战练习

如何召唤鬼神

想马上就看到鬼吗？如果想的话，就请盯着下图左手边人像身上的白点，看大约30秒，然后看右边框里的黑点。很快，你的眼前会出现一个穿着白衣的神秘女人。如果你把下图搬到一面墙上，重复刚才的步骤，那么你就会在墙上看到一个巨大的白衣女人的影子，就好像是鬼影。

　　心理学家把你刚看到的鬼影称作"残留影像"。很抱歉，接下来几分钟，它还会反复出现。你对颜色的感知建立在三个色系上，每一个色系由两种相对立的颜色组成，比如，红绿构成一个色系，蓝黄组成一个色系，黑白是一个色系。抽象一点儿说，每一个色系的工作原理就像是拔河比赛。比如，要想显得更蓝一点儿，蓝色必须在拔河中胜出。同样，要想显得黄一点儿，黄色就要胜出。

　　当你盯着刚才那张图片左边的黑色人影中的白点看时，大面积的黑色在拔河比赛中占据了优势地位。然后，当你将注意力转移到图片右边的空白处时，黑色组就变得有点儿疲惫了，所以白色组不用费多大力气便将局势逆转了，在拔河中处于上风，形成了白色的随影。但不到一会儿的工夫，黑色组又恢复了力气，重新将绳子拉到中间位置，让白色影像在你的眼里消失。

🐭 汉普顿宫里的幽灵调查

　　汉普顿宫有着悠久而又富有争议性的历史。早在16世纪初，约克大

　　主教红衣主教托马斯·沃尔西用了整整七年的时间和超过20万枚金克朗给自己造了一个媲美皇宫的宫殿。宫殿建成后几年，沃尔西失去了当时在位的国王亨利八世的宠爱。为了改变这种弱势地位，沃尔西决定把他的宫殿赠送给国王。亨利欣然接受了沃尔西的好意，并进行了扩建，确保能够满足皇家的需要，然后很快就搬了进去。此后，这座宫殿便一直作为英国国王和女王的家，直至19世纪中期向大众开放。现在，汉普顿宫已经成为英国最有名的历史景点，每年都要接待50万左右的游客。

　　这座宫殿之所以闻名遐迩，原因有很多。其中一些原因是，它保存着来自皇家的艺术收藏品，拥有全英国保存最完好的中世纪的大厅以及巨大的都铎厨房，一天可以容纳600人进食两餐。另外，它还因为一件事而出名，那就是"闹鬼"。据称，有不同的幽灵在里面出没。比如，有一位穿灰色衣服的夫人每天定时会在鹅卵石庭院里踱步，而另一个穿蓝色衣服的女人会在宫殿里不停地寻找她失去的孩子，还有一条幽灵狗在沃尔西的衣柜里生活。尽管众说纷纭，但汉普顿宫最有名的幽灵非凯瑟琳·霍华德莫属。

　　亨利八世的婚姻史可谓劣迹斑斑。他欺骗他的第一任妻子，斩杀他的第二任妻子，而第三任妻子在给他生下唯一的儿子后死去，第四任妻子和他以离婚收场。大概每个婚姻顾问看到这样一份清单都会皱起眉头，更令人无语的是，亨利在49岁高龄时又看上了19岁的凯瑟琳·霍华德，在短暂的相处后，他便迎娶了凯瑟琳·霍华德，并公开赞扬她是他"无刺的玫瑰"。

　　可就在结婚几个月后，凯瑟琳发现自己陷入了爱河，不幸的是，对象不是她的国王丈夫，而是丈夫的年轻大臣托马斯·卡尔佩珀（据有关历史记载，这个年轻人以床上功夫闻名）。这则花边新闻最终传到了亨利的耳朵里，他当即决定要拿起园艺剪取下他深爱的"玫瑰皇后"的头

有一位穿灰色衣服的夫人每天定时会在鹅卵石庭院里踱步，而另一个穿蓝色衣服的女人会在宫殿里不停地寻找她失去的孩子。

颅。凯瑟琳听到亨利要杀她，非常害怕，就想跑到亨利面前乞求饶命，可是在走廊里被卫兵拦下，被拖回她的房间。几个月后，凯瑟琳·霍华德和托马斯·卡尔佩珀双双在伦敦塔被斩首。

据说，凯瑟琳·霍华德的鬼魂常出没于她被拦截下来的走廊。到了20世纪末，这个区域已经成为著名的幽灵聚集地，人们常常可以看到一个白衣女人，伴随着凄厉的尖叫声。

2001年1月，汉普顿宫的一位负责人给我打电话，说凯瑟琳的幽灵最近出现得异常频繁，问我是否有兴趣调查一下。对我来说，这正是一个调查幽灵现象的好机会，于是我很快设计了一套实验，组建了一个调查小组，并复印了几百份调查问卷，开车前往汉普顿宫，开展为期五天的调查。

宫殿方还特意召开了一个新闻发布会，宣布我介入调查。消息一出，一下子吸引了来自世界各地的新闻记者。新闻发布会分为两部分：第一部分主要介绍汉普顿宫，第二部分则由我来介绍我即将展开的调查。新闻发布会由一位汉普顿宫的历史研究者主讲，他向报告厅中聚集的记者们讲述亨利遇上凯瑟琳的故事。中途休息的时候，我从报告厅里出来，想呼吸一下新鲜的空气，却碰到一件极其奇怪的事情：一辆车载着两个喝了酒的少年从距离我不远的地方缓缓经过，其中一个将车窗摇下，朝我扔了一个鸡蛋。破碎的鸡蛋把我的衬衣弄脏了，可我又不能马上换，我将最脏的地方擦拭了一下，便返回报告厅。几分钟后，我开始我的演讲，一个记者注意到我衬衫上的印迹，推测说这是幽灵的预兆，并问我是不是凯瑟琳·霍华德已经现身？我回答："是的，这次调查看上去比我想象的更有难度。"尽管我是开玩笑这么说的，可后来事实证明，我的话非常有预见性。

实验开始前，我让宫廷方给我提供了有凯瑟琳不愉快回忆的走廊平面图。然后，我和宫殿看守员伊恩·富兰克林见了面。富兰克林工作很细致，他将一个世纪以来所有宫殿职员、游客所经历的凯瑟琳幽灵现象整理成册。我悄悄地让他在平面图中将幽灵最常出现的位置用笔勾出来。为了避免不必要的误导，调查组的所有成员，包括我，都不知道富兰克林勾出来的是哪个位置。

接下来整整一天，游客们都化身成了捉鬼人。在听取了关于这个调查项目的简单介绍后，他们每个人手里都拿了一份黑白的平面图，沿着走廊漫步。如果发现了奇异现象，他们要做的是在平面图上画上一个"X"（这就像是玩挑出食尸鬼的游戏一样）。每天晚上，我们都会在走廊上放置各种监测器和重达6万磅的热成像仪，希望能够在走廊中抓获凯瑟琳的幽灵。

第一天的调查很不顺利，有几个参与者走错了一个走廊，抱怨说平面图太不准确了。调查的第二天，我们碰到了一个女人，声称自己是凯瑟琳·霍华德转世，说自己可以复原当时的场景（说什么"其实，我是被拖到了走廊，而不是在走廊被拖下去""厨房里新的粉刷效果还等着我去看"等）。调查的第三天，一个巴西的摄制组来到走廊进行拍摄，可是主持人突发焦躁症，拍摄没有完成就匆匆离开了。第四天特别有趣，整个调查组（包括那个自称是凯瑟琳·霍华德转世的女人）按惯例在早上集合，一起看昨晚的监测器数据，数据显示确实发生了奇怪的事件：在凌晨6点钟的时候，走廊的温度突然升高。我们急切地把录像带倒回去观察这个奇异的画面，希望录下来的是凯瑟琳的幽灵。在一片死寂的凌晨6点，走廊一端的门忽然被打开了，走进来一个人影。自称凯瑟琳·霍华德转世的女人立刻认出这是亨利八世的一个朝臣。可是几秒钟过后，这个人影突然来了个急转弯，我们看到他走向一个柜子，拿出了吸尘器开始清理地毯，原来是清洁工，真是虚惊一场。幸好，在接下来的调查中，我们收集的数据还是具有一定的启示性的。

从我们整理的数据来看，首先，相信有鬼的人比那些不相信的人碰到幽灵的概率更大；其次，有意思的是，幽灵不是随机出现在走廊的各个部位，而是倾向于在一两个特定的地方反复出现。比这更有趣的是，这些区域和伊恩·富兰克林指出的地方相符。调查中我们发现，我们的小组成员和志愿者们事先都不知道这些区域，所以可以肯定，在这些特定的区域一定是发生了某些奇怪的事。

这个结果和我们研究的其他闹鬼的地方得到的调查结果是一样的。这次调查也证明了，相信鬼的人更容易碰到鬼。当我把设备撤下搬回车里，和多少有点儿沮丧的自称凯瑟琳转世者说再见时，一个问题出现在我的脑海，为什么会这样呢？

石头录像带理论

如果你稍微浏览一下有关抓鬼的网站或书籍，很快就会看到"石头录像带理论"。据那些信鬼的人说，建筑物具有记忆功能，整个建筑物就像是一个录像带，保存了那里发生过的生活片段，当再次回放时，就形成了幽灵现象（换句话说，幽灵不会在石头墙里穿来穿去，因为它就是建筑物本身）。

这个理论从感性的角度来看容易被接受，可是从科学的角度来看，存在三个严重的问题。第一个问题是，这个想法是小说的产物。1972年12月，BBC电视台播放了一部鬼片，改编自尼吉尔·尼尔的小说《石头录像带》（*The Stone Tape*）。小说主要讲述了一组科学家到一个闹鬼的房子里考察。故事中，科学家们发现所谓的幽灵其实是房子里的往事回放，为了找到更多证据，好奇的科学家在屋子里做了各种测试，没想到无意中将被禁的邪灵释放到人间（这也是鬼片或科幻片最常用的情节）。第二个问题是，这个理论完全不符合逻辑，因为到目前为止还没有研究发现建筑物的砖石能够录像。第三个问题，也是最关键的一个问题——这个理论没有丝毫事实证据。

幸运的是，相比"石头录像带理论"而言，其他科学家已经提出了更合理的解释。20世纪50年代，心理研究会的会长G.W.兰伯特先生指出，问题不在于闹鬼的建筑物墙壁，而是其地基。兰伯特推测，大雨过后，地下水面上升会导致屋子结构不稳，出现门窗等固定物摇晃的情景。为了验证兰伯特的理论，剑桥研究人员托尼·康奈尔和阿兰·古尔德进行了一项幽灵研究史上最离奇也最常被忽略的实验。

实战练习
观察灵显实验

心理学研究员托尼·康奈尔为了探求人类心理的未知领域，开展了大量颇有意思的研究，其中最奇怪的一组研究就是评估目击者证词的可靠性。评估的方法很简单，首先，托尼和他的同事装扮成幽灵，在夜晚出现于各种公共场所，吸引路人的注意；其次，研究组的其他成员将采访目击者，判断他们证词的准确性。然而，和大部分灵异现象的研究一样，执行起来可没那么容易。

一开始，康奈尔把自己包裹在一张白色的床单里，连续几个晚上在光线很暗的剑桥中心公园散步。虽然有八个人看到康奈尔假扮的幽灵，但似乎没有一个人觉得有什么奇怪。他想了想，可能是因为太暗了，视线效果不行，于是康奈尔又披上白色床单跑到剑桥的墓地，这里光线稍微好一点儿。他数了数，总共有90辆汽车、40辆摩托车以及12个步行者经过，可只有4个人看上去注意到他了，随后2个人接受了采访，其中一个说他以为这个幽灵属于某种街头艺术表演，另外一个说，他认为这个人披着一张床单，肯定是疯了。为了被更多人看到，康奈尔和一个本地的电影院取得联系，在一个少儿不宜的电影放映前，裹着白色床单出现在电影屏幕前。然后，电影院的管理员告诉观众，如果他们看到什么奇怪现象就举起手来。结果显示有三分之一的观众根本没有注意到康奈尔假扮的幽灵，而另外三分之二的观众虽然看到了康奈尔，可他们给出的信息非常不准确，有的人说是看到一个穿着长裙的女孩，有的人则说看到穿着厚外套的女人，还有的说看到一只北极熊从电影屏幕前溜达过去。

康奈尔的研究显示，如果真有一个幽灵被人们发现了，那么他应该是穿了一件引人注目的背心。

后来，古尔德和康奈尔又找到了一栋即将拆迁的房子，说服了当地政府借给他们用来进行一个严肃的科学研究。接着，这两个人在房子的墙边装了一台振动器；然后，围着烟囱斜着绕了一圈绳子，让绳子的末端吊了一个重物；最后，他们跑进屋内，精心在不同的房间里布置了12个物件，比如在一个房间的地板上放上一块大理石，在另一间屋子的架子上放一个茶杯和茶碟。就这样，准备工作做好了，他们开始进入到这个实验的第二阶段。

古尔德在房子里选好一个位置站好后，康奈尔启动了振动器。不一会儿，整个房子开始摇晃，但是没有一个测试物件挪动。于是康奈尔又把吊在烟囱上的绳子拉上来，重重地砸到房子一侧。结果发现，所有测试物件仍然没有动。第二天，古尔德和康奈尔又回到房子，将振动器的振动等级调到11，终于，茶杯倒在碟子里。兴奋之下，他们又把振动等级调得更高，双双站到屋子里面，等待目睹振动后的效果。当振动等级调到最高时，烟囱轰然倒塌，石膏板从天花板上掉落，卧室的墙壁出现了很大的裂缝，而古尔德和康奈尔这两个科学界勇士依然站在危房里，仔细观察着周围的动静，可是他们发现依然只有少数几个测试物件移动了（塑料杯倒了，茶杯和碟子从架子上掉落，一座巴黎产的石膏驴从墙边稍稍移动了不到1英尺）。将自己的生命都押在了追寻科学真理上的这两个人——古尔德和康奈尔，最后从这个实验中得出了一个结论：兰伯特的理论根本站不住脚。

并非只有兰伯特一人认为闹鬼现象是屋子摇晃的结果。在我的前一本书《怪诞心理学》中，我描述了电气工程师维克·坦迪的一个想法。1998年，坦迪在一个实验室工作，这个实验室是出了名的闹鬼屋。8月的一个晚上，坦迪独自一人在实验室里工作，渐渐地，他感觉很不舒服，好像有人在监视着他，于是他慢慢地转过头来，看到一个轮廓清晰的灰色人影慢慢从他左边的视野里出现，虽然他感到毛骨悚然，但还是决定壮着胆子和人影面对面地正视，当他这么做的时候，人影却消失无踪。

坦迪是一个击剑爱好者，第二天他带着剑来到实验室进行修理工作。当他刚把剑放好时，剑开始疯狂地振动。刚开始，他完全摸不着头脑，可后来，他还是找到了其中的原因。原来，实验室的空调机组产生了低频声波，低于人类的听力范围，这种声波被称为振动声波，通常约17Hz的频率，这种声波能产生使物体振动的奇异效果，他的剑正是因这种人类听不到的声波而振动。

有一些证据可以支持坦迪的想法。例如，2000年，他调查了考文垂一个14世纪的地窖，据说这个地窖经常闹鬼，在调查中他发现，地窖中的某个特定区域发出了振动声波，而这个区域也正是被报道鬼怪出现最多的地方。在《怪诞心理学》一书中，我还写道，"还有另外更多的研究表明，人们在遭遇低频率声波时，确实会拥有奇特的体验"。然而，尽管这个理论可以解释部分闹鬼现象，但不是每个闹鬼的地方都会有强风、特定形状的窗户，或是邻近嘈杂的车水马龙声。

　　当然，作为幽灵现象的科学解释，振动声波显然不是唯一的选项。加拿大劳伦森大学神经心理学家迈克尔·佩辛格给出了另外的解释。

磁场，是引来幽灵的祸根吗

　　加拿大劳伦森大学神经心理学家迈克尔·佩辛格认为，幽灵体验是大脑失误操作所致。更具争议性的是，他认为如果在头颅边放上一个非常微弱的磁场，就可以诱发幽灵体验。

　　典型的佩辛格实验是这样的。参与者被带到他的实验室，坐在一把舒适的椅子上，戴上头盔，蒙上眼睛，放松约40分钟。在这个过程中，几个螺线管被放到头盔里，制造出极其微弱的磁场。有时，磁场主要集中在参与者头部右侧，有时又转到左侧，偶尔还会环绕整个头部。当取下头盔、撤下蒙住眼睛的布料之后，参与者需要填写一个调查问卷，主要是问他们有没有感觉到什么奇异现象，比如脑海里出现非常清晰的画面、闻到奇特的味道，或是性亢奋、与上帝面对面等。

　　经过几年的实验，最后佩辛格宣布，大约80%的参与者都在"是"的选项框上画了钩儿，甚至有的人全部选了"是"。这个实验在多个科学纪录片中出现，比如在某个纪录片中，几个主持人和记者在自己头上戴上佩辛格的魔法头盔，希望碰到他们的造物主。结果显示，大部分时候，上帝没有让他们失望。还有一次，超心理学家苏珊·布莱克摩尔仿佛觉得有什么东西在扯她的腿，并把她拖向墙壁，接着是一阵突然产生的愤怒感（就好像真有人拖着她的腿往墙上扔时的那种感觉）。美国科学专栏作家、超自然现象的怀疑者迈克尔·谢默，在戴上这个头盔后也产生了奇怪的感觉——他感觉好像有个东西从面前飞快地跑了过去，接着觉得自己飘出了身体。佩辛格的魔法头盔也不是对每个人都灵验，进化生物学家和著名的无神论者理查德·道金斯在做这个实验时，没有发现什么奇怪的感觉，除了强烈的失望感。

除个别反应迟钝的无神论者外，几乎所有人都相信了佩辛格的理论，直到一组瑞典心理学家——来自乌普萨拉大学的佩尔·格兰奎斯特是这个小组的组长——决定进行同样的实验，才得出了不同的结论。一开始，实验进行得很顺利，先是几个小组成员访问了佩辛格的实验室，甚至在他那儿借了一个可带走的便携式头盔。然而，格兰奎斯特忽然意识到一个问题，佩辛格实验的参与者们会不会因为事先知道了实验的内容，出于一种对预期结果的心理暗示才产生那些奇怪的感知现象，也许这一切并不是由于弱磁场造成的。为了杜绝这种心理暗示的可能性，格兰奎斯特让他的实验者们戴上从佩辛格那里借来的头盔，但是内置螺线圈的开关在实验的中途才会开启。这就意味着，不论是参与者还是研究员，都不知道磁场在什么时候开启又在什么时候关闭。

这一次，果然有新的结论。格兰奎斯特发现，磁场对参与者们完全没有影响。因为实验数据显示，三个说感觉到强烈灵异现象的参与者中，有两个当时的磁场没有启动。另外有22个参与者报告说自己产生了微妙的奇怪感觉，可他们当中有11人是处于磁场关闭的状态下。当格兰奎斯特的研究结果在2004年公布后，佩辛格声辩说，这可能是因为参与者暴露在磁场中的时间不够长——仅仅15分钟是不够的。他还说，格兰奎斯特对螺线管安上了基于DOS系统的电脑控制开关，这可能改变了磁场的性质。然而，瑞典科学家小组否定了佩辛格的辩解，坚决守卫自己的研究成果。

对于佩辛格来说，更大的打击来自2009年伦敦大学金史密斯学院的心理学家克里斯·法兰奇和他的同事所做的实验。实验是这样的，他们将螺线圈藏在一个白色空房间的墙后，让实验参与者绕着这个屋子走，然后向他报告任何奇怪的感觉。79个人参与了实验，每个人都在这个"科学鬼屋"里待了50分钟。实验结果证实，格兰奎斯特是对的。当人们报告产生奇怪的感知现象时，磁场对他们来说完全没有任何作用。因为克里斯·法兰奇和他的同事确保一半的参与者在参观房屋时，螺线圈的开关是打开的，而参与者和实验的工作人员都不知道开关究竟是打开的还是关闭的。

有评论者指出，我们在使用吹风机或打开电视时，处于更大的磁场当中。如果佩辛格的理论正确的话，那么我们不在日常生活中经常看到鬼才怪。

低频振动声波理论、电磁场理论都成功地征服了媒体和大众的想象力。然而，幽灵之谜仍没有被解开，"陪审团"还在围观。

让气味通过声音传播

几年前，我指导开展了一个特别的实验，作为一个研究人类行为的电视系列片的一部分。我们召集了20个非常配合的志愿者，让他们来到一个房间里，坐成四排，并告诉他们，我们将测试他们的嗅觉。我们把一小瓶绿色的香水拿给他们看，解释说，当这个瓶盖被揭开时，强烈的薄荷味道会充斥整个房间。然后，我们小心地将盖子拧开，并让他们在闻到香味时举起手来。一会儿过后，坐在第一排的人都举起了手；几秒钟后，坐在第二排的人也举起了手；不久，有近一半的人都高高地将手举起。当我们要求他们描述一下这个香味时，他们说，非常清新、愉快，让人觉得有精神。现在，你可能已经猜到了，所谓的香水瓶里装的只是加了一点儿染料的水，薄荷的香味其实是存在于参与者的头脑中的。这个实验充分证明了心理暗示的力量。

其实，这个实验最早是在1899年，由埃德温·艾莫里·斯洛森演示完成的，据他的报告所说，当时他的实验被迫终止，原因是坐在第一排的某些参与者对这个实验的结果相当不悦，愤然地离开了实验室。这个实验作为心理学系的经典实验，在全世界各地已经被演示了上百年。

20世纪70年代末，美国加利福尼亚大学感官科学家迈克尔·奥马奥尼更是把心理暗示的实验发挥到了极致，他还说服了英国广播公司让他在一个现场直播的节目中演示这个实验。实验中，奥马奥尼拿出一些模拟的科学仪器（试想一下：一个又大又奇怪的圆锥体、一团电线和几个示波器），故意摆出一副严肃的样子对观众说，这些仪器是他利用"拉曼光谱"原理最新设计的"气味捕捉器"，可以让气味通过声音来传播，并非常自豪地宣布这个气味是他精心挑选的乡土气味。观众一开始以为是狗屎之类的动物肥料，哄堂大笑。奥马奥尼不得不解释，他保证不会让粪便的气味传到观众们的家里去的。于是，实验继续，实验组的工作人员通过仪器播出一种标准的杜比调音调，时间为10秒钟。就像用香水瓶装的水不会散发出香气一样，标准的杜比调音调也没有传输气味的本事。

演示结束后，奥马奥尼让观众们稍后联系电视台，描述一下他们的感受。有几百人给出了回应，大部分人说他们闻到了强烈的"干草""青

一会儿过后，坐在第一排的人都举起了手；几秒钟后，坐在第二排的人也举起了手；不久，有近一半的人都高高地将手举起。

草""鲜花"的味道。尽管奥马奥尼已经隐晦地说明了不会是肥料或饲料，然而还是有几个观众说他们闻到了青草饲料的味道。还有不少观众更夸张，反映说那10秒钟的声音，给他们带来了一些意想不到的症状，比如花粉症发作、突然打喷嚏、头晕等。

这些实验向人们证实了，心理暗示的力量能让人们凭空闻到各种气味。詹姆斯·贺朗以网络约会和捉鬼闻名，他认为，心理暗示在解开闹鬼之谜的问题上也扮演了很重要的角色。

贺朗还推测，如果人们给自己心理暗示，"这个房子闹鬼"，那么他们会轻易地将房子里发生的各种奇怪现象与幽灵联系起来。此外，他还发现，奇怪的现象能让人们产生恐惧心理，从而变得高度警觉，甚至关心起各种细微的信号。比如，他们会突然发现地板发出轻微的吱吱声、窗帘细微地摆动，或是打火机火苗小幅度摇晃。可以说，所有这些都能让他们变得更加害怕、警觉甚至焦虑，也让人们倾向于产生极端的自身感受和幻觉。

许多研究结果也支持贺朗的推测。在我的实验中，也发现那些相信鬼的人比不相信鬼的人更容易产生奇怪的体验，且他们所说的闹鬼地点通常和恐怖片里的场景布置相似。在调查弱磁场影响的实验中，那些报告说产生奇怪体验的人，比大部分人具有更强的"相信鬼"的心理暗示。虽然这些结果是令人鼓舞的，但这一理论的最终验证还要用到另一个实验，就是把那些相信鬼的人带到一个没有闹鬼传闻的地方，故意告诉他们这里闹鬼，然后再看看他们是否会遭遇在鬼屋里才会发生的奇怪经历。贺朗做了好几个这样的实验，得出的结果非常有趣。

在其中一个实验中，他找到一个没有闹鬼现象的废弃剧院，让两组人围绕着剧院走动，并报告他们的感受。贺朗告诉第一组人，这个剧院经常闹鬼；同时告诉第二组人，这个剧院正在进行整修。第一组的人在剧院走动时，报告到处都有异常感觉。而第二组的人则没有报告一例异常现象。在贺朗的另一个实验中，他邀请一对夫妇在一所没有闹鬼传闻的房子里居住，要求他们记录房子里发生的任何诡异现象。贺朗把这对夫妇的记录发表在一篇报告——《非鬼屋事件日记》中，报告显示，这对夫妇共发现了22件诡异事件，包括电话莫名其妙地出现故障，屋子里有幽灵在念叨着他们的名字，架子上摆放的巫师面具纪念品奇怪地移动了位置。

虽然这些研究令人印象深刻，但验证贺朗理论的最佳实验奖应该颁发给记者弗兰克·史密斯。

拉特克利夫码头的幽灵牧师

1970年，弗兰克·史密斯担任《人、神话和魔法》（*Man, Myth and Magic*）杂志的副主编，该杂志以灵异现象为主要内容。一个星期天的早上，他前往伦敦多克兰区的拉特克利夫码头，去见他的朋友约翰·菲尔比（侦探金·菲尔比的儿子）。在整个19世纪，拉特克利夫都是一个繁忙的码头，不断有水手出发或上岸，同时也成为一个罪恶的温床，挤满了赌场、酒馆和妓院。菲尔比当时正在这个码头改造一个旧仓库，他向史密斯建议，这里非常适合编造一个鬼故事。

在附近一家酒吧里，经过几个小时具有创造性的"头脑风暴"之后，史密斯和菲尔比想出了一个好点子——拉特克利夫码头的幽灵牧师，一个集"性""水手""谋杀"情节于一身的情感故事。那么现在，如果你坐好了，我就开始讲故事了。

　　19世纪初，拉特克利夫码头最大的教堂圣安妮教堂的前任牧师，在水手区建造了一个旅馆。只可惜，生意没有红火起来，于是这个贪婪的神职人员采用各种不光彩的手段使旅馆达到收支平衡。他雇用了年轻貌美的女性去吸引水手到他的旅馆来，让水手们支付酒钱，还让这些小姐带水手上楼，诱惑他们脱下衣服，爬上床，然后这个牧师老板就会从隐秘处突然现身，打开水手们的银色手杖，将他们的钱偷走，再把他们杀害，把尸体抛进污浊的泰晤士河。根据当地的传说，这个牧师的幽灵至今还困扰着该码头。

　　经过仔细勘察后，弗兰克发现拉特克利夫码头区域在现实中完全没有鬼怪的传闻。于是，弗兰克在最后一期《人、神话和魔法》杂志刊登了他和菲尔比杜撰的这个故事，并注明他和菲尔比都亲眼看到了幽灵。接下来整整一年时间，有八本书都转载了这个故事，可没有一本书事先向他和菲尔比求证过，就把这个故事当成真的一样宣传。弗兰克和菲尔比原本还打算，如果有人来询问他们，他们会如实相告，整个故事纯属虚构。

　　三年后，英国广播公司恶作剧纪录片节目组推出了拉特克利夫码头的幽灵牧师系列。节目组去拉特克利夫码头寻找幽灵牧师的旅馆标记，比如"海员寄宿"的牌子，他们还特意寻找看到牧师幽灵的目击者。他们没有走太远，就发现有一个当地的女人自称看到了牧师的幽灵，她甚至能描述出他穿着一件白色衬衣，穿着披风，头发是灰色的。由于相信神职人员的幽灵大都好色，她说她经常感觉自己晚上脱衣服时，有牧师的幽灵在看着她。接下来，当地的一个房东说有一天他的女儿和2岁的外孙来看他时，就碰到了这个牧师的幽灵。当时他2岁的孙子连续几个晚上都睡不着，尖叫着说，他不喜欢一个男人站在那儿，当他的女儿转过头去看时，发现牧师的幽灵正在看着她。还有一个工人称自己看到牧师

　　有一个当地的女人自称看到了牧师的幽灵，她甚至能描述出他穿着一件白色衬衣，穿着披风，头发是灰色的。她经常感觉自己晚上脱衣服时，有牧师的幽灵在看着她。

在一个转角处出现，又在他眼前融化、消失，还有两名警察说碰到了牧师，等等。很显然，这些全部都是假的。

拉特克利夫码头的牧师幽灵故事非常生动地验证了贺朗的理论。闹鬼现象并不需要真正的鬼、会录像的墙壁、地下水、低频声波或弱磁场。相反，它需要的只是心理暗示的力量。

幽灵为何是你生活中无法抹去的一部分

虽然心理暗示可以解释大部分的鬼怪现象，但是我们还有最后一个谜底没有解开。我们的大脑为什么会发现这么多不存在的幽灵？

科学家们做出各种各样的解释，来自阿肯色大学的心理学家杰西·白令说，幽灵和上帝都能帮助人们构建一个诚信的社会，因为人们会觉得时刻被上帝或幽灵注视着。白令和他的团队实施了一个有点儿怪异的实验来验证他的这种想法。实验中，他安排学生进行一场考试，考试的设计很容易让人作弊，实验的工作人员可以偷偷监视每个学生的作弊情况。在考试之前，他们随机选择了一部分学生，告诉他们这个考场之前经常闹鬼。和预测的一样，这些被告之考场闹鬼的学生，他们几乎都没有作弊的倾向。

然而，关于人的大脑为何会制造出幽灵体验，最流行的一种解释涉及"超敏感媒介检测装置"。牛津大学的心理学家贾斯汀·巴雷特认为，引进"媒介"这个概念，对于解释人们日常生活之间的互动，弄清楚人们为什么会出现某种特定的行为，至关重要。事实上，巴雷特认为，人的大脑某一部分是专门负责检测这种媒介的，只是这个功能时常过度兴奋，即使是无意义的刺激，也会被检测为人类的行为。20世纪40年代，心理学家福利兹·海德尔和玛丽·安·斯迈尔进行了一个实验（现在已经成为了该领域的经典实验），为巴雷特的观点提供了最佳的佐证。实验是这样的。海德尔和斯迈尔制作了一个简短的卡通动画，一个大三角形、一个小三角形和一个圆圈，在一个盒子里进进出出。他们把这个没什么意义的动画放给人们看，要他们描述画面讲述的是什么。大部分人都会立即构思出一个故事来解释这个动画，比如说，圆圈和小三角形相爱了，可大三角想横刀夺爱，抢走圆圈，小三角形为了守护住圆圈，和大三角形展开了激烈的对抗，最终打败了大三角形，从此和圆圈在一起过上了幸福的生活。

总之，即使某些现象并不存在，人们一样可以想象它的存在，这就是超敏感媒介。巴雷特认为，这个概念也同样可以解释人们为何可以看到上帝、幽灵和鬼魂。根据这个理论，大多数人都不愿意认为，某件发生的事没有任何的意义，即使看上去没有什么意义，但他们依然倾向于相信是自己看不到的人或物在操控着此事。比如，如果他们突然来了好运，就会认为是天使在帮忙；如果突发了疾病，就认为是恶魔附身；又或者听到门吱嘎作响，就认为一定是某个穿白衣的女鬼所为。如果巴雷特是正确的，那么幽灵鬼怪就不是迷信所致，更不是死后的亡灵。可以说，幽灵现象是我们大脑能够轻易分辨人们行为动机所付出的一种代价。这样说来，幽灵不是我们在晚上碰到的诡秘魂魄，也不是人们非理智的迷信思想所致，它们只是我们日常生活中的一个重要组成部分。

怪诞心理学 / 2

不可思议的心理操控

第六章
精神控制，其实就在你我身边

本章中，我们将潜入世上最伟大的读心术者脑中，探索催眠师是否可以让我们做出违背意愿的行为，或给我们渗透异端想法，我们会学习如何避免被洗脑，并探究劝说心理学。

在1到100之间，你随便想象一个数字，在最终确定这个数字之前，你可以随意改变自己的主意。想好了？好吧，请记住这个数字。要让我猜猜吗？我想我知道你想的是哪个数，是73。研究表明，大概50个人里有一个刚刚惊讶地把书掉到地上。不幸的是，同样的研究也表明，绝大多数人对我刚表演的读心术完全不以为然。

然而，请设想一下，我准确地说出了你刚才挑出的那个数字，或者再进一步设想，我的能力不仅可以猜中数字，还可以猜对形状、姓名、地点、颜色等。最后，想象我的能力远远超出你脑海中所能想到的任何事物，并且我可以控制你的行为。多年来，一直有一小部分人声称自己拥有这种能力。这些身怀绝技的人不仅仅会盯着水晶球，与死者交谈，或者分析你的星相，他们还有一种神秘的超能力——可以直接与你的大脑对话。那么，他们是如何创造奇迹的呢？他们的表演真能证明灵异现象的真实存在吗？有没有什么微妙的心理学因素在起作用？

为了找到答案，我们将踏上一段旅程，进入心灵感应和心理控制专家的世界。一路上，我们会遇到催眠师和邪教领袖，还有一个提醒人们世界末日即将来临的妇人。其实，这个探索旅程在100多年前就开始了，我们还是乐意会一会世界上最早的一位读心术士。

世界上最早的读心术士

从任何角度看，华盛顿·欧文·毕晓普都是一个了不起的人。毕晓普1856年在纽约出生，由母亲抚养成人。他的母亲埃莉诺是一位演员、歌剧歌手，而且还在灵媒界任职。

埃莉诺性格不羁，引起过各种争议。例如，1867年，她曾想和丈夫纳撒尼尔离婚，因为她声称纳撒尼尔曾试图谋杀她。在1874年纳撒尼尔的葬礼上，已经和丈夫分居了七年的埃莉诺不禁情绪失控，当棺材降入墓穴中后，她竟然跳到棺材板上不能自已。几周之后，她又声称，纳撒尼尔是被蓄意谋杀的，并要求当局开棺验尸。然而，经过对尸体的彻底检查，结果无法验证她的臆想。

毕晓普在学校里并不是个好学生，也许是受他妈妈的唯灵论影响，他后来成了一位知名舞台灵媒安妮·伊娃·菲的经纪人。

当进行演出时，菲在一个大柜子里放好一把椅子，还有很多乐器。然后，菲会邀请一些观众上台，把她捆在椅子上。当幕布遮住柜子之后，菲就开始表演通灵。不一会儿，菲召唤而来的灵魂就会前来演奏那些乐器，还会把乐器扔出来。至于菲是怎样通灵的，有不少传言，有一种说法甚至认为，她把自己的小儿子偷偷藏在柜子里，或者藏在自己的裙子下面，参与表演。实际情况其实很简单。菲精通逃身术，逃身后她就可以演奏乐器，演奏完毕再把乐器扔出柜子，再复原被捆绑在椅子上的样子。

在1874年纳撒尼尔的葬礼上，已经和丈夫分居了七年的埃莉诺不禁情绪失控，当棺材降入墓穴中后，她竟然跳到棺材板上不能自已。

几个月过后，毕晓普由于和菲在财务上产生纠纷，决定亲自演出，模仿菲的全套节目。首演很顺利。不过，后来观众听腻了关于菲的耍诈传言，不想再看到菲的翻版演出。

为了增加新的节目，毕晓普向其他著名灵媒学习。出于某种好奇的原因，毕晓普认为偷学其他灵媒的最佳方式是在招魂现场扮成女性出现。可惜的是，观众对他易装演出并不买账，所以他不得不另想办法来吸引观众。经过多次尝试和多次失败之后，毕晓普越挫越勇，最终掌握了一项绝技，也正是这项绝技让他享誉国际，同时也挖到了人生的第一桶金。

此后，毕晓普改头换面，重新包装自己。他的舞台风格不再是滑稽的表演，他把自己定位为一位具有科学素养的演讲家。为此，他特意戴上了眼镜，让人感觉他很有学问，同时开口便是"我一不小心又发现了真相"。最重要的是，他还乐于揭穿别人的秘密，同时还宣称自己具有世界上最神秘的超能力——心灵感应，是当之无愧的"世界读心第一人"。

毕晓普还说，自己的本事不是来源于通灵世界，真实情况连他自己也解释不出来。他在舞台上做出一系列的"读心"表演，令人咋舌。例如，有一次表演是这样的。毕晓普递给某个观众一枚图钉，让他把图钉藏在剧场的某个地方。另外一名观众则被要求陪伴毕晓普左右，确保他没有看到图钉藏在哪里。接着，毕晓普和他的见证人退到幕后，拿着图钉的观众将图钉藏好。当毕晓普再次出现在舞台时，他抓着藏图钉的那位观众的手腕在剧场中急速奔走。最终，毕晓普缩小了搜寻范围，成功找到了被藏好的图钉。

毕晓普的演出形式很多样化。有时候，他会带着一本厚黄页走上舞台，让观众从中随机挑选一个名字，然后他用通灵的技能指出观众所选的名字。毕晓普最有名的表演是这样的。他邀请五六个人到舞台上来，让他们在他退场的时间里，模拟一个杀人现场，并在他返回舞台时恢复原状。小组中一个人扮演凶手，另一个人扮演受害者。当所有的观众都目击了"谋杀"之后，毕晓普才蒙着双眼，返回剧场。随后，他会挨个儿抓起小组中每位观众的手腕，让他们想象"被谋杀"的人。用这种方式，他最终指认出在游戏中谁扮演了"被害者"，谁又是"凶手"。

　　他的表演非常成功，并很快就在欧洲和美洲大陆声名远播了。他的成功也促使了不少人模仿他的表演，其中比较知名的有毕晓普的前雇员斯图尔特·康博兰德。毕晓普和康博兰德的演出都受到了人们的欢迎，甚至获得了上流社会的青睐，这也可以看出他们当时是多么成功。康博兰德曾经到下议院为威廉·格莱斯顿（1868年出任英国首相）表演读心术，在康博兰德后来出版的《我读过的人们》（*People I Have Read*）一书中，还描述了这位首相受到他巨大的影响。他们的名字甚至出现在了当时的流行歌曲中，例如歌曲《读心术》（*Thought Reading on the Brain*）：

　　　哦，康博兰德和毕晓普

　　　亮出你的图钉，我就明白了

　　　你们让我快乐，就是这么简单

　　　让家家户户都痴迷读心术

　　不幸的是，毕晓普享受成功的时间很短暂。1889年，毕晓普在纽约羊羔俱乐部进行演出，当他成功表演了"指认凶手"和"黄页猜名"两个节目后，他倒在了舞台上。几分钟后，他恢复了知觉，被抬到床上休息。职业精神鼓舞着毕晓普，他坚持要完成另外一个节目。俱乐部的负责人只好让他在床上继续表演，当他勉强猜中观众从俱乐部账簿上随机选中的另一个名字后，他立刻瘫倒在床上，不省人事。

随后赶来的两名医生彻夜守护着他。第二天中午，医生们宣布，年仅33岁的毕晓普不幸逝世了。这个消息很快传到费城，毕晓普的妻子立刻动身前往纽约，在葬礼现场见到了亡夫的尸身。令人吃惊的是，在仅仅24小时不到的时间内，没有经过任何人授权，她亡夫的尸体竟然被解剖了。

一直以来，毕晓普受全身僵硬症的困扰，一旦发病，他就容易进入一种浑身僵硬的假死状态。发病后，他的整个身体逐渐变硬，呼吸放缓，心跳减速。正因为如此，他总是随身携带一张卡片，卡片中记录了他发病时应注意的事项：除非"假死"状态持续48小时，否则不能判断他死亡，不能做尸体解剖。他曾经跟某个好友谈过，当他浑身僵硬时，他完全能够感知周围发生的事情。这就比较可怕了，难道毕晓普在被一刀刀解剖的时候，仍然神志清楚？

为什么对尸体解剖进行得如此之快？在整个职业生涯中，毕晓普最为人羡慕的就是他那独特的大脑。很多历史学家认为这正是他不幸遭受未授权解剖的原因，因为外科医生都非常想在第一时间对他进行尸体解剖，以便研究他那举世无双的大脑。无论如何，尸体解剖被证明是徒劳的。毕晓普的大脑除了比一般脑袋稍重一点儿外，完全没有什么特别之处。

他的母亲埃莉诺要求对尸检人员进行法律追查，没过多久，参与尸体解剖的医生被警察逮捕了。然而，陪审团认为针对医生的指控证据并不确凿，因此谋杀的罪名没有成立。埃莉诺仍然不服，她坚信自己的儿子是被人谋杀的，所以她在毕晓普的墓碑上这样写道：生于1856年5月4日，于1889年5月13日被谋杀。埃莉诺还出版了一本小书《被谋杀的华盛顿·欧文·毕晓普》（*The Butchery of the Late Sir*

Washington Irving Bishop）。此后，埃莉诺的行为越来越古怪，她在1918年去世后，知名魔术师哈利·侯迪尼发现，埃莉诺居然赠给他一处房产，价值3000万美元。

我们再回过头来想一想，毕晓普究竟是怎样让他的读心术获得成功的呢？他真的拥有心灵感应的能力吗？难道真的存在不可思议的心灵碰撞吗？

1880年早期，一组备受尊崇的专家曾对毕晓普的"读心术"开展过研究，其中包括女王的私人医生、英国医学期刊的主编以及著名的优生学家弗朗西斯·高尔顿。在研究的第一阶段，人们调查了毕晓普表演的几个拿手绝活儿，其中包括猜测图表中的数字、寻找藏在吊灯里的物品等。跟往常一样，他的表演总是包括和知情人互动的环节。有时候毕晓普还会抓住知情人的手腕，有时候他们会各自抓住手杖的一端。专家们发现，毕晓普通过训练，让自己能感知很微小的"动念动作"。在表演的时候，毕晓普会对知情人来来回回推搡，专家们认为他在这个过程中可以通过这个知情人的身体变化反应来定位隐藏的物体，或指认"凶手"。为此，专家组进行了另一组实验，以此来验证他们的设想。毕晓普被要求寻找某个藏好的物体，而这一次"那个藏好物体的知情人"被蒙上了眼睛，完全失去了方位感。结果，他失败了。在另外一个实验中，他和知情人共同拿着的手杖被换成了怀表链，他们不能通过链条传递细微的动作信息。很明显，毕晓普再次失败了。于是，高尔顿和其他专家得出结论，毕晓普的确具有超凡的技能，不过这个技能并不是心灵感应。

几年之后，另一位令人惊异的读心术士登上新闻头条。然而，这次提出的论断更加让人吃惊，因为他似乎提供了确凿的证据来证明动物和人类的交流。

精神控制，其实就在你我身边

实战练习
读心术表演

　　好了，现在是时候向毕晓普学习学习了。通过观察肌肉动作来捕捉意识并不容易。下面是几个简单易行的练习，可以让你掌握观察肌肉动作这个强大的技能。

　　1. 请别人在你面前伸出手，张开五指，再请他把注意力集中在某根手指上。然后，用你的食指轻轻触碰对方的手指。很明显，那根你感觉有较强反作用力的手指，就是对方集中注意力的手指。

　　2. 在桌子上摆上四个物品，摆成一排，间距为4英寸。让某个人站在你的右侧，让他在头脑中选择其中一个物品。然后，用你的右手抓住他的左手腕，再把你的大拇指朝上，其他四指向下，就像你要给人把脉的姿势。同时把你左手指尖放到对方的右手指尖下，然后告诉对方，你要抓着他的左手，在每个物品上方移动。请他别紧张，尽量放松臂膀，让你移动他的手。如果你移动到错误的物品上，对方肯定会想要"接着移动"，而当你移动到他所想好的物品上时，他就会想"停"，就是这个。好了，现在抓着他的手腕开始掠过那四个物品吧！当正确答案出现时，你会感觉到他的手传来不一样的反作用力。

　　3. 好了，现在我们要完整地练习一次肌肉阅读法。请某个人在房间里藏好一个小物品，然后用刚才讲到的方法抓住他的手腕。请他放松，用你的力量，承载他整个胳膊的重量。请他不要想象藏宝的地点，要把注意力放在你的移动方向上。然后，你站在房间的中心，带着他向前跨出一步。如果你感受到有反作用力，那么退回一步，向相反的方向走。

不断重复这个过程，直到你感受到反作用力越来越小。当你觉得你离目标物越来越近的时候，让对方想象在藏好的物品和他的手之间存在着一条直线。当你感觉到他的手已经移向那个方向，就顺势找下去，你肯定能找到这个物品。

由于掌握肌肉阅读的技巧有一定的难度，一些读心家也会加上一点儿魔术小伎俩，从而不必担心演出的失败。

在示范之前，请先准备一副扑克牌，把红色扑克和黑色扑克分开后，将红色扑克放在黑色扑克上面。

然后，请一位观众来帮忙把那堆牌的上半部分（全部为红牌）放到你的手上，牌面朝下摊开，再请这位观众过来从你手中抽出一张牌。请他看好是哪张牌，但不要让你知道。

选好之后，把红牌放下。再让他把下面的黑牌拿到你手上，同样牌面朝下摊开。

然后，再请这位观众把他之前抽出的红牌放入你手上的黑牌中，同样牌面朝下，这样一来黑牌中就夹了唯一的一张红牌。

接着你将这堆牌收拢。

跟他解释说，你能猜出这张红牌的花色。当你说这些的时候，迅速地悄悄看一眼你手中的牌，当然，牌面对着你。你会很容易看到他选的是什么花色的红牌，因为那是一堆黑牌里唯一的红色。

现在，把所有黑牌和红牌洗在一起，牌面朝上，在桌上摊开。抓住这位观众的手腕滑过扑克牌。看看你能不能感觉到他手中传来的微妙反应。慢慢地，找出那张扑克牌，做出一些戏剧性的表情，然后宣布那张牌的花色。

一匹会做算术题的马

威廉·冯·奥斯顿是一个好奇心很强的人，他生于1834年，德国人，职业是不起眼的数学教师。在工作之余，奥斯顿坚持研究颅相学，经常把一个又一个夜晚投入到研究头骨中。同时，作为业余神秘学研究者，他通过深入探究自己的梦来试图解开宇宙的秘密。但是，最让奥斯顿着迷的不是头骨，也不是梦境，而是动物的才智。

作为当时进化论的积极倡导者，奥斯顿相信动物同人类一样聪明，如果人类能够与其他动物沟通，能够欣赏它们的天资，那么世界将会变得更加完美。所以，他相信人与动物沟通的可能性，他试图做得比怪医杜立德更好，通过奇特的方式与猎豹聊天、与鳄鱼对话、与袋鼠交谈。1888年奥斯顿退休，离开教育界，移居柏林享受余生，专心追逐自己的梦想。

为了揭示动物隐匿的才能，奥斯顿最初的尝试发挥了自己的职业特长——教授数学。他给一只猫、一头熊和一匹马讲授数学的基础知识，试图发现它们的天资。日复一日，奥斯顿在黑板上写数字符号，教他的动物学生们通过移动爪子或蹄子的次数来掌握计数的本领。奥斯顿为他这所怪异的学校写过一份教学研究报告，报告描述了猫很快丧失了兴趣，熊充满了敌意，马是非常聪明的学生，很快就学会了计数，能够正确表示黑板上写出来的所有数字。于是，奥斯顿把猫和熊开除了，专心致力于培养马这个得意门生。

在接下来的三年时间里，奥斯顿几乎都在教那匹马，从简单顿足计数到复杂的运算。直到1900年，一切都进行得还算顺利，不幸的是，马同学在1900年死去了，这对于奥斯顿来说简直是一场灾难。为了展示自

猫很快丧失了兴趣，熊充满了敌意，马是非常聪明的学生，很快就学会了计数，能够正确表示黑板上写出来的所有数字。于是，奥斯顿把猫和熊开除了，专心致力于培养马这个得意门生。

已非凡的教学水平，奥斯顿誓言一定要重建学校，再招一个动物学生。这一次，他的新学生是一匹俄罗斯小步跑马，名为汉斯，在其后的四年里，奥斯顿又从基础数学开始教育汉斯。

1904年，奥斯顿和汉斯都已经准备充分了，决定进行一次公开演示课。为数不多的观众应邀来到奥斯顿家的庭院，围成一个半圆，奥斯顿蓄着长长的白胡须，身着宽松的工作服，头戴黑色礼帽，站在汉斯身边，请观众出题计算。每次，聪明的汉斯都以踩踏鹅卵石的方式给出正确答案。汉斯的表现给人们留下了深刻的印象，回答的问题包括简单的加减法、分数、平方根等。

这次成功给了奥斯顿极大的鼓励，奥斯顿决定增加节目单的内容。通过反复的教学努力，这匹马能够说出时间，能为一段旋律选择合适的音调，会通过点头或摇头来回答问题。在一次展示会上，汉斯以变换踩踏次数的方式，正确定位了字母表中字母的位置，接着汉斯表演了逐字母拼写单词的本领。用这种难度颇高的技能，汉斯甚至正确拼写出了观众的名字和地址。

起初，德国学术界对聪明的汉斯很不看好，不相信马能数数、聊天，认为所有这一切只不过是一场恶作剧罢了。经过再三考虑，研究人员们认为最好的办法就是不予理睬，认为随着时光的推移，汉斯肯定会渐渐淡出人们的视野。然而为时已晚，1904年，聪明的汉斯成了市民的谈资，地方报纸定期做专题报道，并跟踪报道汉斯的踏蹄计数才能，讲述汉斯惊人的数学天赋。最后，学者们决定跟随舆论，对汉斯和他的主人展开调查研究。

1904年9月，柏林著名心理学研究所的卡尔·斯图姆夫教授召开了一次研讨会，13位专家应邀到会，包括兽医、马戏团经理、骑兵军官、柏林动物园董事和若干名教师，研讨会的目的是对聪明的汉斯进行考

察。经过大量周密认真的观察，委员会宣布，聪明的汉斯并没有依照周
围所有明显的信号做出反应，需要进行更深入的科学研究。新闻界对此
持续关注。在出道不到一年的时间里，聪明的汉斯扫清了第一关测试的
所有障碍，向得到科学界的认可迈进。

🐴 聪明的汉斯效应

　　不难想到，斯图姆夫教授由于认可了一匹有智商的马，受到很多
同僚的抨击，于是他更热衷于对汉斯进行全面研究。斯图姆夫是一个
大忙人，深知所有的调查研究都要耗费大量时间。像大部分教授想到
的一样，斯图姆夫把这个研究课题转交给自己的学生去完成。奥斯卡
尔·普法格斯特当时30岁，在柏林研究所工作，是一位志愿者，当斯
图姆夫问他是否愿意花大量时间陪伴一匹会算术的马时，普法格斯特
勉强接受了，他当时并不知道这项工作会引导他涉猎几乎所有心理学
方面的教材。

　　1904年10月至11月期间，普法格斯特花了两个月时间专门研究聪明
的汉斯。为了尽可能减少干扰，普法格斯特在奥斯顿的院子里支起大帐
篷，表演的时候，汉斯站在帐篷的一端，观众在旁边向汉斯提出事先准
备好的问题。为了确保马儿能顺利完成任务，每次回答完问题之后，普
法格斯特都会奖励汉斯一小块面包、胡萝卜或糖果（有趣的是，现在对
大学的本科生，这样的小奖励也是很奏效的）。与马相处并不是一件容
易的事情，奥斯顿和汉斯都很容易发火，普法格斯特在调查研究期间被
汉斯咬过好几次。虽然如此，这位年轻的德国研究人员依然信念坚定，

有条不紊地进行了一系列具有突破性的实验。

其中有一项实验是这样的：前提条件是参与的各方，包括聪明的汉斯、奥斯顿和提问方都能够看到卡片的正面时才能提问，随后汉斯踏蹄，给出答案。在这种情况下，汉斯的正确率高达98％。但是当普法格斯特改变卡片的方向后，只让汉斯看到卡片正面，而奥斯顿看不到，答案的正确率降到6％。再举一个例子，奥斯顿对汉斯的耳朵低语两个数字，要汉斯给出这两个数的和，汉斯踏蹄计数的结果没有问题，是正确的。但是如果奥斯顿和普法格斯特分别向汉斯耳语一个数字，奥斯顿和普法格斯特彼此不知道对方的数字，结果汉斯求和的答案却是错误的。

采用同样的办法，普法格斯特做过很多实验。无论是奥斯顿还是提问者知道正确答案时，汉斯的答案都是正确的。只要其中有谁不知道正确答案，汉斯就会失败。普法格斯特的结论是，聪明的汉斯并没有自主思维，而是凭借周围环境给出答案，比如说周围人的面部表情、肢体语言等。

揭穿世界上最聪明马儿的秘密之后，很多研究人员往往会就此结束。而普法格斯特却不同，为了给导师一个完整的交代，博得他的赞许，在第二个月里，他花了一个月的时间重点关注各种细节，认真记录奥斯顿等人在实验期间的面部表情和肢体语言，然后仔细分析获得的数据，确认哪些与汉斯的行为有关，哪些无关。

普法格斯特将其发现的内容和结论汇集成书，即《聪明的汉斯（奥斯顿先生的一匹马）：对实验动物心理学和人类心理学的贡献》（*Clever Hans [The Horse of Mr. von Osten]: A Contribution to Experimental Animal and Human Psychology*）。该书指出，表演的成功与否取决于微小的肢体信号。拿马儿计数来说，每当奥斯顿和提问者身体前倾或低头时，汉斯总会欢快地踏蹄计数。而当周围的人稍微身体后仰、抬头、眉毛上挑或扩张鼻孔时，汉斯就会停止踏蹄计数。在点头或摇头回答问题时，马儿汉斯的回答完全是针对奥斯顿头部的细微运动来做出反应。

有了这些知识，普法格斯特最终学会控制聪明的汉斯了，只要适度运用表情、肢体和头部的运动就能让汉斯给出预想的答案。

大多数研究人员到了这个程度可能就结束了，但普法格斯特是个例外。回到实验室之后，他扮演起了汉斯的角色。普法格斯特邀请若干不知情的志愿者，请他们站在自己身边，一边想一个数字一边用右手做拍打的动作，志愿者头部装有传感器，能够随时记录他们所有的动作。普法格斯特回答正确的时候，几乎所有志愿者都有某种非自主性的动作，绝大多数志愿者都无法抑制发出这些微妙的信号，即使在其知晓的情况下也无法抑制。普法格斯特发现非自主运动的平均幅度只有1毫米，奥斯顿发出的动作信号估计小于2毫米（奥斯顿的宽边帽具有信号放大的作用，能够把数值放大至3毫米）。

1904年12月，锲而不舍的普法格斯特向世界宣布了他的发现：聪明的汉斯并非天才，它只是对周围的人发出的信号做出非知情回应。此后多年，奥斯顿不再谈论动物，代之以自言自语，自己跟自己聊天。

尽管普法格斯特的研究结果赢得了国际声誉，但同时也受到了质疑。这时，当奥斯顿和其他人站在汉斯的背后，聪明的汉斯演出也屡屡成功。批评者们认为，就算汉斯周围的人不知不觉中发出了极其细微的信号，但当汉斯根本无法看到他们的时候，他们怎么可能帮汉斯作答呢？答案在于马独特的视觉系统。

马和人在视觉方式上有所不同。人是食肉类动物，能够看到鼻子底下正在发生的事件，人的双眼集中在面部，两只眼睛的视野重叠，能够准确定位距离；马是被捕猎的动物，始终都需要观察来自各个方向的可能攻击，马的眼睛位于头部两侧，而且向前凸起的程度很大，这样能够将周围的环境尽收眼底，视角幅度接近180度，马头正后方的盲区非常小，也就是说，它几乎能够看到周围所有的事物。这就是人们从后部接近马的时候马经常尥蹶子的原因。所以，聪明的汉斯能够看到身后的奥斯顿和观众。

尽管收集了大量证据，奥斯顿还是无法接受普法格斯特的结论，在调查的最后阶段他撤走了聪明的汉斯。奥斯顿认为普法格斯特是在指控他要诈，他觉得聪明的汉斯是在普法格斯特的实验中才学会对人们的细微肢体语言做出反应的，而不是实验前他教的。奥斯顿把自己的余生都用来努力消除这匹马所受到的"愚蠢科学实验的影响"，在普法格斯特宣布结论的几个月后，奥斯顿就逝世了。

聪明的汉斯后来被珠宝商卡尔·克罗尔购得，继续它的表演，克罗尔相信自己的动物不但具有脑力计算能力，而且可以直接和人类对话。普法格斯特则在第一次世界大战期间帮助军队训练军犬，后来在柏林大学执教。尽管普法格斯特未能取得显赫的学术地位，但是他对聪明汉斯的研究无疑值得在科学史上记上一笔。

世界各地的研究人员很快意识到，普法格斯特发现的一般原则可能对自己的工作产生极大的影响，也就是说，实验人员可能在自己都没有意识到的情况下就影响了实验的参与者，令他们做出自己期望的实验结果来。

这一现象被称为"聪明的汉斯效应"，科学家对此进行了深入的研究，发现这一现象在很多场合都存在。其中最经典的是对老鼠的实验。实验开始时，将老鼠随机分成两组后发放给学生，实验人员告诉学生，经过定向喂养，其中一组老鼠的钻迷宫成绩优异，另一组低劣。事实上，老鼠根本没有经过定向喂养。然后，学生们进行实验，让老鼠钻迷宫，实验报告表明，实验结果符合预期，即所谓"聪明"老鼠的成功率高出"笨"老鼠成功率51%。

　　类似的实验还有"皮格马利翁实验"。哈佛大学心理学家罗伯特·罗森塔尔对一个年级的儿童做了一个测试。这个测试是一种新的智力测试。参加实验的教师每人都得到了一份在测试中获得高分的学生名单。罗森塔尔告诉老师们，这些学生智力超常，肯定会得高分。事实上，罗森塔尔的实验只是一种非常普通的智力测试，得高分的学生名单也是随机设定的。结果，学年结束的测验结果表明，被设定为获得高分的学生与未被设定取得高分的学生相比，平均成绩高出15分。

　　再举一个现实生活中的例子。艾奥瓦州立大学的加里·沃尔认为，警察让嫌疑犯列队等候目击证人的指认，这种做法会在不知不觉中误导目击证人选出某个特定的嫌疑犯。这种情形的严重程度远远超过100多年前同样无意识的非言语类信号对聪明的汉斯造成的影响。

　　通过多项实验，研究人员认识到要消除"聪明的汉斯效应"，就要对实验参与者和研究人员隐瞒部分实验内容。目前认为"盲"方法是最佳的科学研究方法，而这都归因于一匹会算术的马。

　　如果说毕晓普的超能力是"读心"，那么其他所谓的心灵超能力则主要表现在控制别人的思想和行为。但是，真的有人可以像控制玩偶一样控制别人的心智吗？多年以来，有几个小说家和电影导演给出过肯定答案，可我们想知道的是虚构故事背后的事实。那么，是否真的有人被催眠并做出违反自己意愿的事呢？

斯文加利效应：操控他人的行为

　　1894年，乔治·杜·莫里耶出版了他的经典小说《特丽尔比》

（*Trilby*）。小说中的催眠师斯文加利对女主人公特丽尔比·欧·费莞实施了催眠术，并利用她为己牟利。作为当时最畅销的小说之一，在畅销榜上仅次于布莱姆·斯托克的《吸血僵尸惊情四百年》（*Dracula*）。它在现实中引发了特丽尔比帽子风潮，形成了斯文加利效应。在这个过程中，人们相信的确有人可以操纵他人的行为。然而，事实真是如此吗？

大概在20世纪末，很多研究者都做过催眠实验，试图解开斯文加利效应之谜。实验中，他们先是催眠实验参与者，然后要求他们执行命令，比如模拟谋杀，把一杯硫酸（实际上是水）泼到研究人员的脸上。尽管有些实验参与者确实在催眠状态下向研究人员泼出了假硫酸，然而这项实验的条件并没有严格控制，实验中发现的问题比得到的结论还多。20世纪60年代，宾夕法尼亚大学的心理学家马丁·奥恩和弗雷德里克·埃文斯决定严格控制实验条件，对此做了进一步研究。

奥恩找了一些容易受暗示的学生，对他们进行实验。奥恩催眠了每个学生，然后要求他们坐到一个空箱子的开口处。研究员把一条无毒的绿树蛇放到箱子里，然后告诉这些学生，他们必须抓住那条蛇。所有的学生都按照指示抓住了蛇。随后，研究人员带着厚手套，把一条真正有毒的红腹黑蛇放到箱子里。研究人员解释，这是世界上最毒的蛇，咬一口就能让人毙命。当毒蛇被放到箱子里后，这些处于催眠状态下的学生都被告知，他们要去抓住这条蛇。令人吃惊的是，所有的学生都做出了和之前一样的动作，当他们把手伸向箱子里的时候，研究人员悄悄地用一块玻璃把他们的手和毒蛇隔开了。

从表面上来看，奥恩和埃文斯似乎已经使被催眠的学生做出了违背自身利益的行为。所以，在研究的第二阶段需要设计更巧妙的实验，以此来判断奥恩和埃文斯的发现是不是可信。研究人员选择了六个不容易

　　研究人员解释，这是世界上最毒的蛇，咬一口就能让人毙命。当毒蛇被放到箱子里后，这些处于催眠状态下的学生都被告知，他们要去抓住这条蛇。令人吃惊的是，所有的学生都做出了和之前一样的动作。

受暗示影响的学生，让他们假装被催眠。令人吃惊的是，这些学生同样会伸手去抓蛇，无论是无毒的蛇还是毒蛇。所以，第一阶段看到的现象并不能用催眠来解释。为了解开学生为什么愿意冒着生命危险去抓毒蛇的谜题，研究人员询问他们，当他们把手伸向毒蛇的时候，到底在想什么。几乎所有人都说，他们知道自己在参加一项研究实验，所以他们相信研究人员不会让他们受到伤害。这就表明，研究人员不可能客观评价人们在催眠状态下是否会做出违背自己意愿的事情来。大学伦理委员会也不可能让参加实验的学生真的身处险境。

然而，当研究人员仔细回顾之前针对斯文加利效应的研究之后，发现有一个表演可以解决这个谜题。在20世纪末，是催眠师同时也是研究者的朱莉斯·里奇奥斯，在巴黎的萨尔皮提里中学做过一次很不寻常的表演。里奇奥斯给一位年轻女士实施了催眠，然后递给她一把橡皮匕首，并告诉她，她手里是一把真正的匕首，命令她到观众席中去刺人。她立刻就这么做了。里奇奥斯认为人们在被催眠的情况下会做出这样的举动，所以他以为这个表演就可以证明催眠可以让人做出违背自身利益的举动来。然而，当演出结束，大部分观众都走了之后，一群淘气的医学院学生命令那个仍然在催眠状态的女子脱掉衣服。这个女人应该是意识到，用橡皮匕首戳人是有趣的，而当众脱衣服就令人尴尬了，所以她并没有这么做。实际上，她听到这个命令后，就站起来跑出去了。有趣的是，后来有人重复了这个不太道德的有趣实验。

20世纪60年代，某位大学研究人员随机在志愿者中挑选了一位女性，将她催眠后，让她坐在一群人面前，命令她脱掉衣服。令这位教授吃惊的是，这个志愿者听到命令后马上开始解扣子，于是教授立刻喊停，结束了实验。只是后来教授才发现，他挑选的人恰好是个职业脱衣舞娘。

　　奥蒙德·麦吉尔是一位天才级别的催眠术士，生于1913年，曾在"祖别博士"舞台上表演多年，开发了许多当代催眠术舞台表演技巧。1947年，麦吉尔出版了《天才催眠表演百科全书》（*The Encyclopedia of Genuine Stage Hypnotism*），其中介绍了一个如何让小鸡一动不动，就如同被催眠了一样的故事。据麦吉尔描述，只要握住小鸡的脖子，将鸡身前部放到桌子上，并保持鸡头的水平状态，最后在桌子上用粉笔从小鸡嘴部画一条2英尺长的直线，这样小鸡就会躺在桌子上一动不动。（详见下图）

>>>

　　处于催眠状态的小鸡可以吃洋葱，戴X光眼镜，跳脱衣舞。开玩笑了，实际上小鸡不是被催眠了，而是动物自身的一种"僵直性不动"状态的本能。小鸡在"僵直性不动"的状态下会佯装死亡、蒙骗天敌，使自己脱离危险。唤醒小鸡的方法很简单，只要延粉笔线的方向推动小鸡，它就可以脱离催眠状态。

　　尽管和电影、小说的情节出入很大，科学研究还是证明了催眠不能让人做出违背自己意愿的事来。可是，针对精神控制的研究取得了更积极同时也更令人担忧的成果。为了了解更多，我们需要探讨邪教的阴暗世界。

从推销猴子到魅力牧师：邪教的阴暗世界

生于1931年的吉姆·琼斯在美印第安纳州的乡下长大。他的邻居们称他是"怪小孩"，因为琼斯大部分童年时光都花在研究宗教、虐待动物、探讨死亡这些事情上。在童年时期，琼斯还展示了他对布道的兴趣。后来一位幼年的玩伴回忆说，琼斯曾经在肩上搭一块破布，把其他孩子聚起来，自己假扮魔鬼对他们进行说教。十来岁的时候，他成为当地卫理公会教堂的学生牧师，当教堂领袖不让他对混合种族人群进行布道时，他退出了卫理公会。1955年，24岁的琼斯集合了一小群追随者，创立了自己的教堂——人民圣殿。令人不解的是，他是通过一家一户上门推销宠物猴子，逐渐实现了自己的抱负。在推销宠物猴子的空闲时间里，他刻苦锻炼自己的演说能力，很快，他就成为了颇有名气的魅力牧师。

琼斯最初的布道涉及平等和种族融合，他鼓励自己的追随者为穷人提供食品和工作岗位。随着声名的传播，逐渐有超过1000人到他的教堂来听道。琼斯继续用自己的影响力来改变社区，开设靓汤厨房和养老院。1965年，他声称看到未来的景象，美国中西部将会遭受核武器的打击，于是他劝说了上百个信众随他迁往加利福尼亚州的雷德伍德山谷。同时，他依然关注那些需要帮助的人，还继续帮助瘾君子、酒鬼和穷人。

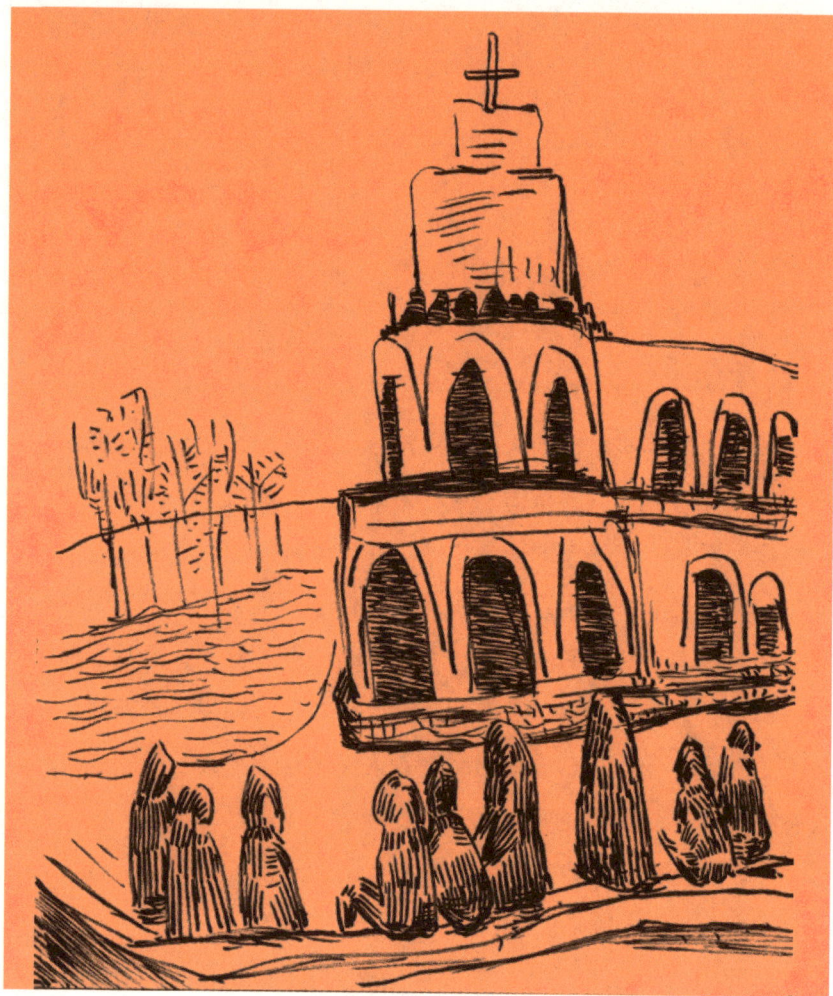

1955年，24岁的琼斯集合了一小群追随者，创立了自己的教堂——人民圣殿。

精神控制，其实就在你我身边

20世纪70年代初，一场暴风雨即将来临。琼斯要求他的信众做出更高的承诺，要求他们在假期里和其他圣殿信徒待在一起，而不是和家人在一起，并且要求他们把积蓄和个人物品捐献给教堂。此外，琼斯还染上了很严重的毒瘾，他偏执地认为，美国政府要摧毁他的教堂。当地记者开始关注人民圣殿信徒的健康问题，这让琼斯很不舒服，于是他把总部搬到了旧金山。在这里，他的布道同样取得了成功，在短短几年的时间里，圣殿信徒的人数就翻倍了。不过，记者很快就再次撰文批判他，这促使他决定离开美国，到国外建立自己的梦想社区。

美国历史上最悲惨的集体自杀事件

经过谨慎挑选，琼斯最终决定在南美洲的圭亚那建立自己的社区。在琼斯看来，这是很好的选择，因为圭亚那当局很容易受贿，这样就可以让他从事非法武器与毒品交易。1974年，他从圭亚那当局得到了4000亩西北部丛林的租赁权。他把那里命名为"琼斯城"，随后，魅力牧师带着几百名追随者收拾行囊，迁往圭亚那。这个过程很残酷。琼斯城可谓与世隔绝，土壤贫瘠，最近的水源在7英里之外，而且路途崎岖泥泞。严重的腹泻和高烧是琼斯城的常见病。除了每天11小时的工作外，圣殿信徒们还要出席很长时间的晚祷告并参加社交课程。如果谁失职了，就要接受惩罚，惩罚包括被关在棺材一样的木箱子里、在废弃的井里待上几个小时。

1978年11月17日，美国国会议员利奥·莱恩决定前往圭亚那的琼斯城，调查有关那里的美国公民受到琼斯控制的传言。当他刚到那儿时，听到的是对于琼斯城的一片赞扬之声。然而,在第一天访问即将结束之前,有些家庭偷偷地向莱恩透露,他们生活得非常痛苦,希望尽快离开此地。第二天早上,11名圣殿信徒似乎感觉到了琼斯城即将成为是非之地,于是穿过30英里的浓密雨林秘密出逃。而在那天晚些时候,莱恩和一小部分打算离开的人前往附近的机场,打算乘飞机返回美国。琼斯率领的圣殿"红色旅"武装人员在机场附近埋伏射击,打死了莱恩和他的随行人员。莱恩也因此成为美国历史上唯一一位在执行公务时遇害的国会议员。

琼斯似乎感觉到了自己的小王国面临崩溃,于是召集了琼斯城的所有居民,宣布莱恩及其随行人员都被处决了,并且声称美国政府要对琼斯城进行报复,呼吁大家集体为了未完成的"革命"自杀。然后,一大桶掺有氰化物的葡萄汁被抬了出来,琼斯要求每个人都喝一杯。他命令父母先给孩子们喝,然后自己再喝。当时留下来的录音带表明,琼斯向那些不愿意参加自杀的信徒咆哮:"我不在乎惨叫,我不在乎痛苦的呼喊,这样的生活就是无尽的死亡。如果你们知道未来会发生什么,你们现在会很乐意走在死亡的前头。"在这次集体自杀仪式上,超过900人结束了自己的生命,其中包括270名儿童。尽管自杀仪式现场有几名武装人员来回巡视,不过,看上去绝大多数信徒都是自愿自杀的,其中一名妇女在自杀前,还在自己的手臂上写下"吉姆·琼斯是我的一切"。这一集体自杀事件是2001年"9·11事件"前,美国历史上单次非正常死亡民众人数最多的一次。

30多年以来,心理学家们纷纷研究,试图解释吉姆·琼斯如何能让那么多人自愿结束生命,他又是怎样做到让父母自愿亲手毒死自己的孩子的。其中有一项研究指出,大部分人民圣殿的信徒心理非常脆弱,而琼斯关于平等和种族融合的言论正好给了他们需要的慰藉。琼斯把琼斯城称作"乐土"，父母可以在这里养育自己的孩子，远离种族歧视。另外，琼斯设立的目标也很诱人，他向人们宣扬，琼斯城要让人们从无所事事中解脱出来，人人都有目标、有价值，每个人都是一个大家庭的成员，互相关怀，互相体谅。正如一个幸存者说的那样："没有人认为自己是加入了邪教……你加入的是一个宗教团体，你和你喜欢的人一同生活。"这些都为日后的琼斯城惨剧埋下了伏笔，可这些因素还不足以构成集体自杀的充分理由。尽管人们在一般情况下都愿意加入宗教或者政治团体，因为在那里可以得到大家庭般的关怀，但这并不能让人们放弃自己的生命。心理学家们认为，琼斯用了四个工具对信徒进行心理控制。

洗脑的四个工具

第一个工具：登堂入室

斯坦福大学的乔纳森·弗里德曼和斯科特·弗雷泽曾做了一个经典实验。实验中，研究人员扮成义工，挨家挨户解释，由于附近的交通事故频繁，请附近的居民在他们的院子里树立"小心驾驶"的标志牌。由于标志牌非常大，竖在院子里明显会破坏花园的景观。不出所料，很少有居民愿意这么做。在实验的下一阶段，研究人员去到另外的小区，这次请居民在院子中竖立一块"做个安全驾驶员"的标志牌。这次的标志牌只有3英寸见方，所以几乎所有居民都乐意这么做。两周后，研究人员再次到访，请第二组接受竖立标志牌的居民换成更大一些的标志牌。令人吃惊的是，有超过七成多的人愿意竖立那个又大又丑的标志牌。这一概念被称作"登堂入室"。它首先让对方接受一个温和的要求，然后慢慢换成更加夸张的要求。

　　从以上实验可以发现，琼斯就是使用了这样的技巧来控制手下的信众。信众一开始只被要求捐献他们收入的一小部分给圣殿，可随着时间流逝，要求捐献的金额越来越大，直到他们把所有的积蓄和财产都捐献给了琼斯。同样，在自我奉献方面，也有类似的情形。当刚加入圣殿的时候，琼斯只要求信众每周抽出几个小时为社区工作。慢慢地，时间就会一点儿一点儿地增多，直到要求信众长时间工作，比如帮助圣殿吸收更多的人加入，给政治人物和媒体写信等。通过一点儿一点儿施加影响，琼斯成功地利用了"登堂入室"的技巧，使得众多信徒最终心甘情愿地献出生命。如果人们不给自己设定一个底线，拒绝过分要求的话，这样"登堂入室"的手段就会每每奏效。琼斯使用的第二个心理技巧及时平息了潜在的叛众。

第二个工具：强行求同

　　20世纪50年代，美国心理学家所罗门·阿希做了一系列关于从众性的实验。阿希要求实验参与者每次单独到实验室来，然后把他介绍给另外六名志愿参与者。他不知道的是，介绍给他的六名志愿参与者其实是阿希的实验助手。整个实验组由一名志愿参与者和六名假冒的志愿参与者组成，他们坐在桌子前面，被告知需要进行"视力测试"。他们看到的是两张牌。第一张牌上有一条线，第二张牌上有三条线，长短不同，其中一条和第一张牌上的一样长。整个小组得说出第二张牌上到底是哪条线和第一张牌上的长度相同。七个人的座位是特意安排的，确保真正的志愿参与者最后一个发言。每个人都可以说出自己的判断。因为假冒志愿者的答案都是一样的，在前两轮实验中，六名假冒志愿者给出的都是正确的回答，而在第三轮实验中他们刻意给出错误的回答。阿希希望通过这样的实验，判断有几成人会在明显错误的引导下，放弃自己的判断而随大溜。结果令人吃惊，超过七成的人会随大溜。在稍微调整一下实验过程后，阿希要求六名假冒志愿者中的一个人给出不同于其他五个人的回答，因为有"杂音"的出现，放弃自己的正确判断而随大溜的比例立刻降到两成。

　　人民圣殿教是从众心理实验的一次巨大实践。琼斯知道，任何异议都会鼓励其他人也说出自己的不满，所以他不允许有任何批评的声音存在。为了避免异议出现，琼斯利用眼线控制信徒，所以，任何异议都会遭到鞭笞惩罚或者当众羞辱。他同时还把任何企图互相关怀的小群体拆散。连信众的家庭都被拆散，最开始是孩子们在祷告的时间得坐到离父母很远的地方，后来其他信徒提供的日托服务会接管孩子们。琼斯鼓励夫妻的婚外性行为，这样就可以消解婚姻的纽带。同样，琼斯城周围的茂密雨林确保了整个圣殿社区和世界隔绝开来，这样他们就听不到来自外界的质疑。这样排除异己、强行求同的效应逐渐升级发酵，最终导致集体自杀。在集体自杀仪式的录音带中，有个母亲公开质疑，认为孩子们应该有活下去的权利。琼斯很快采取行动，平息异议，宣称孩子们更有得到平和的权利，"我们能做的，就是离开这个该死的世界"。随后，人群为琼斯欢呼，一个男人大声喊："我的姐妹，一切都结束了……我们已经见证了美好的时刻。"另外一个人马上接着说："如果你让我们现在就献出生命，那我们已经准备好了。"

　　然而，琼斯并不满足于登堂入室、排除异己的手腕。为了控制信众的思想，琼斯的第三个心理武器就是，他宣称自己可以和上帝直接沟通，他会显灵。

第三个工具：表演神迹

有一部分信徒追随琼斯是因为他会显灵。比如，他会让遭受病痛折磨的人来到他的教堂前，让病人张开嘴，接着他会很戏剧化地从其嘴中揪出一块"致癌"组织，称这样他们就可以痊愈了。有时，琼斯还让挂着拐杖的病人扔掉拐杖，并要求其沿着走廊起舞，忽然间，神奇的事情发生了，跛脚的病人好像瞬间痊愈了。他还声称能够听到上帝的指示，对于前来教堂的信众，他可以准确地说出他们的个人信息。有一次，来听他布道的人比预想的多出很多，于是琼斯宣布，他可以变出更多的食物供大家食用。几分钟之后，教堂的门打开了，一个教会人员端着两大盘子炸鸡走了进来。

所有这些，都是骗局。在治疗"癌症"的案例中，琼斯从患者嘴里揪出的实际上是一块臭鸡胗，琼斯只不过表演了一个魔术。治愈"跛子"的案例中，跛子是琼斯的忠诚信徒扮演的。而关于信众的个人信息，琼斯并不是从上帝那里得到的，实际上是他的爪牙通过翻检信徒丢弃的信件和其他有用的文件得到的。关于炸鸡，有信徒后来回忆，在变出食物的奇迹发生之前，他曾经看到教堂的人从肯德基快餐店买了好几桶炸鸡。当琼斯发现有人质疑他的时候，他就把藏有轻度泻药的蛋糕分给那个人，宣称上帝会用呕吐和腹泻来惩罚存有疑心的人。

第四个工具：自我辩护

1959年，斯坦福大学的心理学家艾略特·阿伦森做了一项深入研究，揭示了信仰和行为之间的关系。让我们随时光倒流，回到当时的实验现场，想象一下你就是其中一位实验参与者。

当你到达阿伦森的实验室后，研究人员会问你是否愿意参加关于性心理学的小组讨论。这么有趣的话题，你当即答应参加讨论。研究人员于是解释，有些人在讨论中会很敏感，所以所有的志愿参与者都得通过一个"尴尬"的测试才能继续。你会拿到一张充满挑逗性词语的纸，还有两篇对性行为活灵活现的描述文章。研究人员让你把那些词语和描写都大声朗读出来，同时他要对你脸红的程度打分。经过这该死的"尴尬"测试之后，研究人员告诉你，好消息是你通过了测试，所以你可以到小组中参加讨论了；坏消息是"尴尬"测试的时间拖得比预想的要长了些，所以你参加的时候小组讨论已经开始了，你只能听他们的讨论。研究人员让你坐到一个小隔间里，并解释说所有参与者都是坐在分隔间里的，这样可以确保隐私不被泄露，他还给你准备了一副耳机。当你戴上耳机，你肯定会大失所望，因为你听到的是这个小组正在讨论《动物的性行为》这本书。讨论结束后，研究人员请你对自己的实验体验打分。

　　和很多心理学实验一样，阿伦森的实验中同样有很多刻意隐瞒的部分。这个实验是关于信仰心理学的。当参加实验的人到达实验室的时候，他们会被随机安排到两个小组中去。一半人按照刚才说的过程进行实验，他们被要求朗读那些非常具有挑逗性的词语和文章，另外一半人被要求朗读的材料不具有挑逗性（类似"妓女"和"贞女"的区别）。但每个人听到的小组讨论都是同样的录音磁带，每个人都被要求对自己的实验体验评分。大多数阿伦森时代的心理学家都倾向于认为，那些经历了更尴尬测试环节的人，对实验的评分会比较低，因为他们会把分值和自己所经历的强烈失落联系起来。然而，阿伦森对于"自我辩护"心理的研究让他认为，实验结果应该与大多数人预料的相反。阿伦森推测，那些读了挑逗性文章的人会倾向于为自己辩护，说服自己，这一次参与实验是值得的，并最终给出高分评价。实验结果验证了阿伦森的推测。尽管所有人听到的都是同样的录音，可那些经历过极其尴尬测试环节的一组人给出的评分远远高于另一组。

　　阿伦森的研究结果有助于解释为什么很多人在经历过痛苦和屈辱之后，仍然愿意留在某个组织之内。美国大学中的兄弟会往往会让刚刚入会的新生吃一些很难吃的东西，或者脱光衣服；军队也会对新兵进行极端环境训练；实习医生在成为真正的医生之前，往往要值夜班。类似的情况也发生在琼斯那里，他通过这样的策略让信徒对人民圣殿产生归属感。信徒要参加冗长的会议、给教主写忏悔信、把自己的财产捐献给圣殿，甚至让他人来抚养自己的孩子。如果琼斯怀疑某人对圣殿不忠，那么他会让其他信众对其进行惩戒。如果用常识来判断，人们经历过这些之后肯定会离开人民圣殿的。可事实是，自我辩护的心理反而让这些信徒更加离不开人民圣殿。

　　吉姆·琼斯这些控制他人心智的手段，与催眠术、施加暗示都没有任何关系。实际上，琼斯利用了四个关键的心理原则。首先，"登堂入室"让对方逐渐陷入自己的控制。当教主的一只脚跨进信徒心灵的大门之后，信徒们就会被要求做出更大的牺牲，不知不觉之中，信徒就完全陷入邪教的控制之中了。其次，任何异议都必须清除，怀疑者被排除，整个邪教团体和外部世界就更加隔离开来。第三点，显灵。通过教主的通灵表演，教徒们会相信他拥有和上帝对话的能力，所以就更不会质疑了。第四点，自我辩护。你也许会以为奇怪而痛苦的宗教仪式会吓跑教徒，可实际上正好相反，这些痛苦的宗教仪式反而会让教众对整个宗教组织产生向心力。

　　当然，你也许会假设，如果这些信徒不是和外界社会隔绝开来，也许可以抵御这些心理控制手段，认清邪教的本质，从而避免惨剧的发生。然而，从我们对邪教的研究来看，这样的想法太天真了，因为这些信徒们一旦陷入邪教教主的魔掌之中，便很难自拔。

实战练习

如何避免被洗脑

如果注意以下四点，避免被洗脑也不是什么难事。

1. 你有没有感觉"登堂入室"的情形正在自己身上发生？某个组织或者某个人有没有让你做出一点儿小奉献？他们有没有逐渐加码？如果是的话，你真的打算这么做吗？你有没有被他人操控了？

2. 如果有一个企图让你和外界社会隔离的组织，请注意提高警惕。仔细想想，他们有没有让你和家人朋友断绝往来？还要注意，在这个组织内部，反对的意见和公开的讨论是不是往往被压制？如果这些问题的回答都是"是"的话，一定要小心不要和该组织有什么关联。

3. 某个组织的领袖是不是声称自己有超自然能力？也许他会表演即时治病或者预言未来的把戏。就算有些表演是真的，也要想到这有可能是用来自欺欺人的骗局。除非你亲自调查出背后的真相，请注意，不要被所谓的超自然现象所迷惑。

4. 某个成员在加入某组织的时候，有没有经历那种痛苦、艰难甚至带有侮辱性质的仪式呢？请记住，这些仪式往往是事先设计好的，其目的就是让入会成员增加对组织的归属感。问问自己，是否经历过这样的仪式？

外星人会来拯救地球人吗

1950年，心理学家利昂·菲斯廷格碰巧看到报纸上的一篇报道，说某个神秘团体预言世界将要灭亡。根据这篇报道所说，一个叫玛利亚·基奇的女子声称，在"自动书写"的仪式中，有外星人带话给她，说世界将要灭亡。基奇于是组织了一个小团体，召集了11个人，让他们相信，在1954年12月21日会有特大洪水发生，可是他们不必担心，因为在灭顶之灾到来之前，外星人会派飞碟来救他们。

菲斯廷格很好奇，他想知道，在他们所预言的大洪水和飞碟都没有出现之后，基奇这帮人又会怎样。为了弄清整个事件的经过，他派了几个人扮作卧底，潜入这个小团体，暗中观察、记录这个团体中的每个心理学现象。最后，他把自己的研究写成一本书——《当预言破灭》（*When Prophesy Fails*），菲斯廷格在书中详细地描述了邪教的内部运作情况。

1954年，当所谓的世界末日即将到来之前的几天，基奇和他的信徒反而变得很愉快，有个信徒甚至做了一个飞船形状的大蛋糕，上边还写着"飞到空中"。在毁灭日当日，整个小团体既紧张又兴奋。外星人给基奇带话，说是在午夜时分，他们会敲基奇的门，然后带领所有信徒到停在附近的飞船上去（很明显，房子外边没有停飞船的地方）。外星人告诉他们说，所有人都不能带任何金属制品，所以在飞船到来之前的那段时间，这些信徒都把皮带换成了绳了，把衣服上的拉链剪掉，把鞋上的扣眼挖掉。基奇把写有自己预言的本子放进一个很大的购物袋里，带领所有人等待外星人的来临。

可是午夜过后，什么事都没有发生，外星人没有来。所有人都沉

1954年，当所谓的世界末日即将到来之前的几天，基奇和他的信徒反而变得很愉快，有个信徒甚至做了一个飞船形状的大蛋糕，上边还写着"飞到空中"。

默下来了，在随后的四个小时内，他们试图找出外星人没有来的原因（不可能找出原因的）。后来，基奇开始痛哭。然而，几个小时之后，她说她又收到了外星人的消息，并告诉她说，由于这些信徒已经将消息公开，所以预计的大灾难被取消了。这项研究表明，这些人有超强的解释本领，能够置事实于不顾，用编造的话语来说服自己继续相信原有的信念。也就是说"我心已决，别用任何事实来误导我"，有了这样的想法，他们的信念一般不会受到外力的干扰，哪怕是灾难性的打击也不能将他们击倒。在基奇这个团体中，最终只有两个人放弃了对基奇的信任，而他们在起初加入这个团体时就表现得不是很投入。

菲斯廷格还发现，大多数小组成员都选择了主动向外界宣传他们的主张。由于之前的预言失败了，整个小组有意回避媒体，只勉强接受个别媒体的采访。可当他们和媒体接触之后，就迫不及待想要再次宣扬他们的想法。菲斯廷格是这样解释这种奇特行为的：这些人需要通过说服他人来证明自己的信仰是对的。

基奇团体的结局是分崩离析，所有人各奔东西。他们中有的人不再宣扬飞碟救世，转而宣传其他的福音，有的人则彻底回到先前的生活状态。基奇越来越担心会遭到法律制裁，四处躲避。在秘鲁躲避了很多年之后，基奇回到亚利桑那州，继续宣扬自己和外星人接触过，直到1992年去世。

如果本章所讨论的精神控制仅仅是在古怪的邪教中存在，那将是令人欣慰的。遗憾的是，事实并非如此。

政治人物也会用消灭异己的办法来误导民众，他们把不让民众知道的事千方百计地隐藏起来或者歪曲事实。市场推广人员利用"自我辩解"来解释自己的宣传。实际上所有这些事、这些行为，它们就发生在我们身边。

怪诞心理学 / 2
不可思议的心理操控

第七章

盗梦空间：未来事件
如何潜入你的梦

本章中，我们将发现亚伯拉罕·林肯如何预见自己的死亡，学习如何控制梦境，并深度探究不可思议的睡眠科学世界。

　　20世纪60年代，南威尔士一个小镇艾伯凡镇的附近建成了一座优质煤矿，产量很高，养活了附近很多居民。开采煤矿所产生的废弃物，尽管已经有一部分被埋到了地下，但大量的废弃物仍然堆积如山，包围了艾伯凡小镇。1966年10月的一场大雨，把小镇洗刷了一遍，结局显而易见，雨水不但渗透进了山体下的砂岩，还流进了几个隐秘的泉眼。谁也没有意识到，废弃物因此发生了变化，逐渐变成了可以流动的泥浆。

　　10月21日上午9点刚过，山体一侧垮塌，50万吨泥石流迅速冲向艾伯凡小镇，几乎全部倾泻到镇上，学校顷刻间被厚达10米的泥浆吞噬了，十多间教室被掩埋！山体滑坡发生时，学生们刚唱完《事事光明美丽》的圣歌从礼堂回到教室。家长和警方迅速赶到被掩埋的学校，疯了似的挖开废墟，约一个小时后，挖出了少数生还者，可之后再也没有幸存者出现。这场悲剧共造成了139名学生和5名教师死亡。

　　山体滑坡后的第二天，精神病学家约翰·巴克考察了艾伯凡小镇，巴克向来对灵异现象感兴趣，他想知道在这样一场惨痛的悲剧发生之前，人们有没有预感。为此，他通过《标准晚报》（*Evening Standard*）请那些对艾伯凡小镇灾难有预感的人和他联系。随后，约翰·巴克收到

盗梦空间：未来事件如何潜入你的梦

了来自英格兰和威尔士的60多封函件，其中半数人说自己在梦中预见过这场灾难的发生。

其中一对夫妇的经历让人印象深刻，他们10岁的孩子在这场灾难中丧命。事情发生的前一天，有个小女孩对他们提起她做了一个梦，梦见自己想上学，但是"学校没有了，黑乎乎的东西把学校给掩埋了"。还有一个例子，巴恩斯特布尔一位54岁的女士说，灾难发生的前夜她做了一个梦，梦见一群孩子被困在长方形的房间里，房间的尽头被几根木栅栏挡住了去路，孩子们往栅栏上爬，想翻过栅栏。女士被这个梦给吓坏了，还给自己的儿子和儿媳打电话，说一定要照顾好两个小孙女。另外，一位来自斯德卡普的女士说，山体滑坡前一个星期，她梦见一群孩子因煤矿崩塌被掩埋；一位伦敦的女士说灾难发生前的两个月她做了一个梦，梦见了山腰上的一所学校、一场雪崩和丧命的孩子们。

在巴克的努力下，1966年英国设立了预感局，巴克任局长。预感局请公众把他们的预感向预感局报告，希望以此对有可能发生的悲剧做出预警。但是巴克未能如愿，尽管预感局收到的预感信息多达上千条，但其中大部分来自六个人。而最为诡异的一条预言信息来自一位夜间接线员，此人名叫阿兰·汉彻，44岁。据称，他对预言空难和其他重大事件特别在行，但是当1967年他与预感局联系时，给出的却是关于具体某个人的预感，这个人就是预感局局长约翰·巴克。他们的谈话可以算是心理学史上非常艰难的一次对谈，因为汉彻告诉巴克，他预感到巴克死期将至。汉彻的预言被证实非常准确，巴克次年突然去世，时年44岁。具有讽刺意味的是，巴克在死前写了《惊吓致死》（*Scared to Death*）一书。书中他写道：听到对自己死期的预言后，最有可能受到打击的，恐怕要算自己身体的免疫系统了，自己的免疫力很快下降，最终可能真的会导致死亡。

遇见自己梦境中发生过的事情是很常见的，有这样经历的不乏其人。最近的调查研究表明，大约有三分之一的人在生活中的某一个时刻会遇见梦中的场景。关于这种情形，有文献记载的历史事件也很多。例如《圣经》记载，古埃及法老梦见七头瘦母牛从河水中走出来吃掉七头肥母牛，约瑟则将这个梦理解为连续七个丰年被七个荒年取代的预兆；古罗马政治家、哲学家西塞罗曾经梦见"一位貌似贵族的年轻人让金链条自天而降"，西塞罗第二天在国会山见到奥克塔维厄斯，发现他就是自己梦里见过的年轻人，奥克塔维厄斯后来继承了恺撒的帝位，统治罗马帝国；说到近代的话，有报道说亚伯拉罕·林肯在遇刺身亡前曾经做过与暗杀有关的梦；马克·吐温也有过类似的梦境记载，他曾经梦到他的一个兄弟躺在棺材里，而这位兄弟两个星期后真的不幸身亡了；查尔斯·狄更斯曾梦见一位穿着红衣的女士，自称纳皮尔小姐，后来，他真的认识了一位叫纳皮尔的小姐，真的身着红色披肩。

如何解释这些不寻常的事件呢？人们能否有幸一瞥未来？人类的心灵能否跨越时间的壁垒？有没有可能预知明天？

🐛 从梦境预测未来

纵观历史，以上问题着实让世界级的伟大思想家头疼不已。公元前350年，古希腊哲学家亚里士多德有"梦境预言论"，其陈述的观点既简明又怪异。亚里士多德认为，只有上帝才能给人托梦。可他发现，那些报告梦境的人往往不是贵族，而是普通大众。因为相信上帝不可能把他的智慧分给普通大众，所以亚里士多德得出结论，人们的梦境和现实一致只是一种巧合。这个观点很有意思，尽管可能被现代科学家和巴恩斯特布尔的女士反驳。两千多年后，梦境能够预测未来的神秘感依旧存在，直到上个世纪，科学家和研究人员才解开这个谜团。

在继续往下看之前，你要不要给自己泡一杯热咖啡，然后再钻到被窝里呢？我们即将进入一个奇特的世界——睡眠科学。

在开始之前，让我们先来快速做一个记忆测试，请看看下边的词语，尽量都记下来。

台灯　岩石　苹果　蠕虫　时钟
婴儿　马匹　宝剑　飞鸟　书桌

记好了吗？谢谢配合，我们稍后再回到这个测试。

在第五章我们曾经谈到尤金·阿瑟林斯基对于睡眠现象的研究，开拓了新的梦境科学研究。阿瑟林斯基认为，把进入REM睡眠状态的人叫醒，一般就能听到这个人报告自己做了一个梦。他的研究持续了数十年。通常，他都是邀请实验参与者到他的专用睡眠实验室过夜，当这个人在睡觉中出现REM状态后，研究人员立刻把他叫醒，然后让其描述刚发生的梦境。这项研究发现了不少关于做梦的秘密，比如，所有人的梦中都会有颜色，生来失明的盲人"看"不到自己的梦境，但是在梦中味觉、嗅觉、听觉的感受相对强烈。尽管某些梦境光怪陆离、异乎寻常，但是很多也都涉及日常家庭琐事，比如说，清洗餐具、填写税单、用吸尘器搞卫生等。潜入他人梦境的方法很简单，某人做梦的时候低声播放音乐，把光线照射在做梦者的脸上或是向其喷水，这些刺激便很有可能进入做梦者的梦境，与梦境合而为一。更为重要的一点是，人们做的梦比自己意识到的要多出很多。

研究人员还发现，人们每晚上会做四次梦，平均90分钟一次，每次持续时间大约20分钟，每天清晨醒来后会忘掉大多数梦境，只留下一点轻微模糊的印象。但是也有例外，如果做梦的时候被叫醒，比如，被清晨的闹钟叫醒或是夜里睡眠的时候受到干扰，梦境就会给你留下相对深刻的印象，你可能会记得梦的梗概，或是梦中某些特别的场景，除非真的是很惊人的梦，不然你一般都会很快忘记。然而，有一个特别的环境设定，可以大大提高你记住梦境的概率。

好，现在让我们回到之前那个记忆力测试。现在请你试试看，能不能回忆起这十个词语。下边有五个相关的词，希望能给你一点儿提示。

光线　水果　时间　跳跃　翅膀

请拿出一张纸，将你能回忆起的词语写在上面。请不要往前翻看答案，除非你已经尽力了。

怎么样，你记住了几个？我估计你最有可能记住的词语是"台灯""苹果""时钟""马匹"和"飞鸟"，想知道为什么吗？理由很简单，因为刚刚你看到的相关词里有"光线""水果""时间""跳跃""翅膀"，它们起到了提示作用。这个测试并不是说明你的记性差，而是这些词潜入了你的下意识里，只要有稍许的线索，你就能回忆起。同样的原理也适用于你的梦境。在你醒着的时候，发生的某件事很有可能会作为线索让你想起自己的梦境。为了探寻这个效应和梦境预言的关系，让我们想象连续三个晚上做了不同的梦。

第一天，要求累了一天之后上床休息，闭上双眼，渐渐失去知觉，整个夜晚你会完成睡眠的各个阶段，做若干个梦。7点10分的时候，你的大脑开始活动频繁，给你带来一个纯属虚构的梦境情节。在接下来的20分钟里，你会发现自己在参观一家冰激凌工厂，突然掉进草莓冰激凌中，你试图吃出一条路来，可恰恰在吃到没有什么可吃的时候，闹钟响了，当你醒来的时候，脑子里残留下来的印象是工厂和草莓冰激凌。

第二天和前一天一样，你上床就寝，进入梦乡，做若干个梦。凌晨2点做了一个噩梦，梦到自己沿着乡间小路开着车。突然摇滚明星埃里克·查格斯出现了，他跳进车子的前座，你和明星你一言我一语，轻松交谈。突然马路上跳出一只紫色大青蛙，为了躲避青蛙，你急转方向盘，偏离道路后撞上一棵树。然而，你的猫今夜有些不安分，它跳上床把你从梦中叫醒，记忆中恍惚残留着埃里克·查格斯、紫色大青蛙、路灯电线杆和没有到来的死亡。

第三天晚上入睡后，凌晨4点，你做了一个很痛苦的梦，有点儿超现实，情节是你被迫为电影《查理和巧克力工厂》（*Charlie and the Chocolate Factory*）里的小矮人角色试镜。试镜非常成功，可之后你发现演出时的橙色化妆品和绿色染发剂都是永久性的，无法从身上抹掉。这时你突然从梦中惊醒，情绪紧张，仍然记得试镜的情形，接着你花了20分钟试图弄明白这个梦有什么象征意义。你很快又睡着了，接着享受剩余的睡眠。

可早上醒来打开收音机，新闻让你大吃一惊——埃里克·查格斯昨天下午死于车祸！

据报道，查格斯在市内驾车时为了躲避另外一辆突然逆行的车，与电线杆相撞。就像"时间"和"跳跃"两个词帮你想起"时钟"和"马匹"这两个词一样，这则新闻报道在这里也起到了触发器的作用，关于车祸的梦境一下子就回到了你的脑海。与此同时，冰激凌工厂的梦和为电影试镜的梦就逐渐被遗忘了。就这样，当梦境中的场景和现实世界有了联系，你就会逐渐相信自己有了预言未来的能力。

至此，事情还没有完，因为一旦你开始相信自己的梦能够预测未来，那么你大脑中某个"唯恐事情不够灵异神奇"的部分就会运作起来。你会想到，因为梦本来就是超现实的东西，所以允许有部分情节和现实不相符，甚至可以扭曲变形。比如，在现实中，埃里克·查格斯驾车穿越的不是乡间公路，也没有撞到树上，车祸与紫色大青蛙无关。可你的大脑会立刻想到，现实中的城区公路和梦中的乡间公路相似，现实中的路灯电线杆和梦中的树木相似。至于紫色的大青蛙，它可能是逆向掉头车辆的象征，也有可能是查格斯由于吸食毒品产生了错觉，把迎面开来的汽车当成了紫色大青蛙，又或者查格斯的车的仪表板上画了个紫色吉祥物，要不然就是路边广告牌上正好有个很大的紫色青蛙，或者查格斯的下张专辑封面上有青蛙图案，查格斯事发时穿的是紫色衬衫，等等。你看，如果相信自己的梦和刚刚车祸身亡的查格斯先生有某种超自然的关联，只要是想象力不太坏，你都可以找到种种解释。

到目前为止，我们一直都把注意力放在关于查格斯的那个梦境上，理由是恰好几天后发生了和梦境雷同的事件。但是，我们还可以假设你第二天早上没有听到收音机里报道查格斯遇难的事情；相反，你遇到了与冰激凌有关的事情。在超市里，你恰巧品尝了草莓冰激凌样品，非常好吃。这时情况又会怎样？这时你可能会全然遗忘有关查格斯和试镜的梦，转而和家人、朋友大谈梦到草莓冰激凌就吃到了草莓冰激凌。我们还可以想象一下，几天后你就职的公司提拔了你，而你的新岗位需要穿着耀眼花哨的服装。这样，关于查格斯和冰激凌的两个梦境就会退出你的记忆，为电影试镜的梦反而在脑海里清晰了起来。

　　总之，你可能做了很多很多的梦，也遇到了很多很多事。做的梦大部分都和遇到的事情无关，所以遗忘得非常快。但是，一旦某一件事与梦境相关联了，或者说你梦中的事在现实中发生了，你就会很快记起这个梦来，而且还会说服自己这个梦预测了未来。事实上，这一切都不过是概率问题，纯属巧合。

　　这个理论可以归纳为，依稀记得的梦有很多，只有当梦境和未来某件事重合时，你才会想起。这样的归纳有助于解梦。大多数预言都和厄运相关，人们往往会声称预见暗杀首脑、战争、参加密友的葬礼、飞机坠落等相关场景，很少有人预见某人在婚礼上喜不自胜，或是由于工作升迁高兴得不得了。睡眠科学家发现，大约80％的梦境都远离甜蜜，相反这80％都集中到了负面事件。正因如此，坏消息触发梦境记忆的可能性要比好消息大很多，这也就是为什么许多梦境预言的都是死亡或灾难。

　　在本章的开头，我描述心理学家约翰·巴克和艾伯凡灾难的事件，根据巴克的调查，有60个人声称预言了那场灾难。那么我们对梦境和记忆的研究，是否能改变这些人的观点呢？巴克研究的案例中，有36个预言者在灾难发生前没有证据可以证明自己做了相关的梦。这些人在听说艾伯凡灾难之前，一定还做过其他梦，不过，他们只向巴克提起他们觉得能和艾伯凡灾难挂起钩来的梦，而且由于缺乏梦境发生时的记录，他们可以随意扭曲篡改自己的梦境，直到和灾难事件有了牵强附会的关联。比如，黑色代表煤，房间代表教室，垮塌的山休则成了威尔士峡谷。

　　当然，那些相信超自然事件的人可能会争辩说，有些人在相关联的未来事件发生之前，就已经和朋友、家人诉说了这个梦，或者在日记中记录了下来，难道这些不算是预言的证据吗？那么这种情况又该如何解释呢？要想得到答案，我们有必要进一步深入睡眠科学。

🐘 林肯确实梦见过自己被刺杀？

翻阅关于超自然现象的文献，几乎每次都能发现亚伯拉罕·林肯总统的名字，他是历史上著名的梦境预言者。1865年4月，林肯向密友兼保镖瓦德·希尔·莱蒙说到自己近期做了个梦，很让人不安，他梦见自己的身体"死亡般的寂静"，还听到白宫楼下的房间里传来哭泣的声音。他四处察看，在东厅看到一具用葬袍包裹着的尸体，一群人正悲伤地看着那具尸体。林肯问死者是谁，得到的回答是总统，总统被暗杀了。

两个星期以后，林肯和夫人前往华盛顿福特剧院看戏，演出刚刚开始，林肯便遭枪杀，凶手是联邦间谍约翰·威尔克斯·布思。

描述林肯梦境的书籍有很多，但没有几本能给读者提供一个完整的画面。乔·尼克尔的职业生涯丰富多彩，他当过便衣密探、河船经理、促销员和魔术师。现在他是美国超感调查咨询中心的资深研究员。20世纪90年代，尼克尔决定仔细研究林肯的预言，他从瓦德·希尔·莱蒙的回忆录《回忆亚伯拉罕·林肯》（*Recollections of Abraham Lincoln*）入手，结果发现很多二手资料都忽视了一个非常重要的情节。当瓦德·希尔·莱蒙听了林肯这个梦境的描述之后，他很关心林肯的安全，但是总统很镇静，回答说："梦里的人不是我，被杀的肯定是别的什么人，刺客的目标应该另有其人。"也就是说，林肯实际上认为自己没有预言到

1865年4月，林肯梦见自己的身体"死亡般的寂静"，他四处察看，在东厅看到一具用葬袍包裹着的尸体，一群人正悲伤地看着那具尸体。林肯问死者是谁，得到的回答是总统，总统被暗杀了。

自己的死亡，他预言的是另外一位总统的死亡。

　　当然了，相信梦境能够预言未来的人可能会说，林肯确实预言了自己的死亡，只不过自己没有意识到而已。即便承认这一点，那么林肯的这件事能否作为梦境可以预测未来的有力证据呢？答案存在于对睡眠科学的前沿研究中。

　　20世纪60年代后期，梦境研究人员做了一个具有突破性的实验，研究对象是那些因为经历过重大外科手术需要做心理治疗的人。研究人员连续数夜监测患者的梦境，发现白天的治疗对患者梦境的影响非常大，治疗过程往往都成为梦境的主要内容。比如说，某患者手术后对排尿管感到恐惧，心理治疗期间对这个问题的讨论时间特别长，这样患者就特别容易做梦，梦见反复往自己的身体或别人的身体插入排尿管。简而言之，这个患者的梦反映了他的焦虑。类似的研究也得出了同样的结论。人们做梦的内容不仅受环境的影响，而且还反映了自己心中的焦虑。

　　尼克尔指出，随便翻看几本相关的历史书籍，只需几眼就不难发现，林肯有充分的理由担心自己可能被暗杀。在就职典礼结束后，林肯就被建议避免穿越巴尔的摩港，因为他的助手在那儿破获了一起暗杀林肯的阴谋。即使在办公室，林肯也收到过几次暗杀警告。此外，他还遭遇过一次刺杀未遂的险情，一名刺客开枪射穿了他的帽子。看到这些事实，林肯那个著名的预言梦境就不算什么灵异事件了，因为"日有所思，夜有所梦"，林肯对于可能遭到暗杀的焦虑在梦中出现了。

　　同样的理由也能解释预言艾伯凡灾难的一个个案。本章开头就介绍了一个小女孩提前梦见了惨剧，她梦见"黑乎乎的东西"把学校埋了起来，学校不见了。其实，地方当局早在灾难发生前若干年就关注过山腰上堆积的大量采矿垃圾，不过还是放松了警惕。例如，灾难发生的前三年，当地工程师曾写信给地方当局，说："我认为情况很严重，山体太陡峭，如果冬天下暴雨，煤矿渣很容易引发泥石流。"后来他还补充说，"我很担心，这个地区的居民此前也曾经历过泥石流，泥石流会对人们的生命财产造成巨大损失。"尽管没有办法证实，但小女孩的梦很可能反映了这种焦虑。

尽管"焦虑"设想可以解释小女孩的这个个案，但预言艾伯凡灾难事件中的23个有做梦记录的案例又将如何解释呢？这23个案例中，人们都梦到了悲剧的发生，不过梦境的内容似乎都没有反应他们平日的焦虑和担心。要知道为什么会出现这种情况，就得暂时离开睡眠科学，让我们进入到统计学世界。先来统计一下，有多少人有过遭遇灵异事件的经历。

首先在所有英国人中随机选出一名男子，名叫布莱恩，让我们做几个假设。假设布莱恩从15岁到75岁每天晚上都做梦，按每年365天来算，一共21 900个夜晚他都做了梦；让我们再假设像艾伯凡这样的灾难事件在一代人中只会发生一次，让我们随机设定一天为这个灾难日，而布莱恩在有生之年只记得梦到过一次这样的灾难事件。那么，在灾难真的发生之前，布莱恩梦到它的概率为1/22 000。所以，一旦灾难真的发生，而他又正好在灾难发生前做了类似的梦，他肯定会感到无比惊讶。

然而，如果布莱恩认为这件事只会发生在自己头上，那么他一定是一个以自我为中心的人。事实上，20世纪60年代英国人口大约有4500万，同样的事件可能发生在任何一个英国人身上。假设我们已经计算出对于某一代人发生这样的事（前晚梦见了灾难，第二天灾难就发生了）的概率是1/22 000，也就是说，每一代的2万人中，就有一个人会在梦中梦见灾难的发生。如果说这些人都具有预言的能力，就好比说，你在野外射箭，当箭射出去后，再在其周围画一个靶子，说："瞧，我居然在几乎没有可能的情况下射中目标了！"

这就是"大数法则"，只要基数够大，即使再不可能的事情也有可能发生。这就和买彩票一样，中得大奖的概率是百万分之一，可是每周都还是有人赢得大奖，就像定时闹钟一样准。为什么呢？因为买彩票的人数够多，数量巨大。

对于能够预言梦境的人数而言，这个基数更大。因为我们刚才还只是分析艾伯凡惨剧这一个例子，而事实上，全美国乃至全世界每天都有惨剧发生，飞机失事、海啸、暗杀、连环杀手、地震、绑架、恐怖活动等。

假设人们定期梦到悲剧惨案的发生，那么这个累计数值必然变得很大，也就是比例的基数巨大，那么惨案的梦境预言事件就会不可避免地发生。

实战练习

如何控制你的梦

哈佛大学心理学家丹尼尔·韦格纳想到过一个简单有效地控制梦境的办法。正如第四章所述，韦格纳做了很多有关"反弹效应"的实验。韦格纳要求受测人员不去想某件事，反而让这个人越来越想这件事情。韦格纳于是推想，是不是同样的"反弹效应"可以影响人们的梦境呢？为了找到答案，他召集了一组志愿参与实验者，给他们每人两封信，请他们晚上睡觉前打开其中一个信封，次日早晨醒来后打开另外一封。

第一封信的内容是一组指令，要求所有参与者想他爱慕的一个人。然后要求一半参与者（第一组）在5分钟时间内尽量不去想这个人，而另外一半人（第二组）要想象自己和这个人的约会。当他们早晨醒来之后，打开第二封信，也是一组指令，这次是要求参与者描述晚上做的梦，结果韦格纳发现第一组梦见爱慕之人的人数是第二组的两倍。也就是说，如果你想让某人出现在你的梦里，那么就要求自己在睡前5分钟尽量不要去想他。

那些梦中预见过小林白被绑架的人

到目前为止，睡眠科学和统计学理论让我们明白，所谓的梦境预言事件不过是"选择性记忆""焦虑""大数法则"的产物。然而，还是有人会反驳说，尽管这些理论可以解释大部分的梦境预言事件，但并不能就此否定存在梦境预言这一超自然现象。

坏消息是，就算你这么想，也没有办法来证明，或者很难去证明。当你在一次全国性的灾难发生后，再去收集那些所谓的梦境预言是没有用的，因为这些人要么随便在无数个梦里挑一个敷衍你，要么就是大数法则下的幸运者。再说了，你也没有办法证明他们确实做了这个梦，除非在灾难发生前，你就已经记录了大量形形色色的梦境预言，因为根据大数法则原理，你也有可能碰巧记录到了关于随后发生的灾难预言，可是这个概率将非常小；相反，你记录的大部分梦境预言可能都是关于钱的，比如中了彩票之类。

好消息是，已经有人做了这方面的研究，现在就让我们来看看小查尔斯·林白的奇特案例。

哈佛大学心理学家亨利·穆雷生于1893年，他把毕生的精力都投入到揭示人性奥秘的工作之中。20世纪30年代末，穆雷研发了著名的心理学工具"主题感知测试"，简称TAT。进行TAT实验时，他先给参与者看各种各样主题模糊的图片，比如一个神秘女子从某男子肩上看过去，然后请他们描述图片里正在发生的事件是怎么回事。

实验表明，训练有素的研究人员可以从实验参与人给出的描述中分析他们内心的隐秘想法。比如，如果有人看着照片描述出杀戮、暴力、谋杀等，则要注意了，这个人可能有暴力或犯罪的倾向。主题感知测试不是穆雷取得的唯一成果。第二次世界大战接近尾声的时候，美国政府请穆雷编撰了一部希特勒的心理档案。面对面的采访肯定是不可能的了，穆雷于是不得不借用其他资源，比如希特勒的学习成绩、撰写的文章、发表的演讲等。穆雷的结论是，尽管希特勒表面很外向，但他实际上十分腼腆，并且有侵占原苏联地区的隐秘需求（这当然是开玩笑）。实际上，穆雷认为希特勒是"反作用自恋者"的典型代表，是个非常记仇的人，有很强的表现欲，喜欢贬低他人，而且开不起玩笑。除了研发了TAT心理学工具给希特勒做心理评估外，穆雷还对梦境预言现象进行过独特的研究。

1927年，25岁的美国邮政飞行员查尔斯·林白独自一人首次不间断飞跃大西洋，赢得国际赞誉。两年后林白与女作家安妮·斯宾塞·默洛结婚，夫妻二人持续受到媒体和人众的关注，因为其飞行纪录不断刷新，其中包括首次从非洲至南美洲的飞行，开辟了北美洲至亚洲的极地航线。1930年林白夫妇有了第一个孩子，取名小查尔斯·林白，此后林白一家移居新泽西州霍普韦尔的一座幽僻的大庄园生活。

1932年3月1日，林白一家的生活被彻底改变了。上午10时许，林白家的护士冲向老查尔斯，说小查尔斯被人从房间里绑架了，绑匪离开庄园的时候留下一张索要5万美元赎金的字条。林白很快带着自己的枪，四处巡视，发现了绑匪用的梯子，一架自制的梯子，绑匪正是顺着梯子爬上二楼孩子的房间，除此之外，林白没有发现任何线索。林白一家很快通知警方，警长诺曼·舒华扎克普夫受命负责此案（诺曼·舒华扎克普夫是H.诺曼·舒华扎克普夫将军的父亲，舒华扎克普夫将军曾率领联军参加过沙漠之盾战役）。警长组织了大规模搜索，林白的名声使得本案吸引了大量眼球，有位记者曾夸张地描述，"这是堪称自耶稣复活以来最重大的事件"。

几天后，小林白被绑架的消息路人皆知，穆雷决定用这个高调的案件进行一项梦境预言的研究。他说服了一家全国性大报，发布征集信息，请在梦中预见过这起案件的人与他联系。经过报纸的广泛宣传，这位心理学家收到了1300多份反馈。为了正确评估这些反馈信息，穆雷不得不再等两年，直到绑架案告破。

小林白失踪后若干天内，林白频频出现在各种公众场合，试图与绑匪谈判，始终没能得到回应。但是，自从退休教师约翰·康顿在报纸上公开声明，称自己愿意额外支付1000美元赎金，并且充当中间人出面调解之后，形势就大不一样了，康顿收到了疑似来自绑匪的便条信息。根据便条的信息，绑匪约康顿4月2日那天在布朗克斯墓地见面，见面时先交纳5万美元黄金券后才能得到有关孩子的信息。康顿从林白那里拿到了黄金券，接头的时候把黄金券交了过去，得到的消息是，孩子在一艘停靠在马萨诸塞州海岸的船上，可是林白在这个地区一连飞行了好几天都没有找到那艘船。

1932年5月12日，一位卡车司机在离林白家几英里的路边停车，走进树林想放松放松，结果发现了被仓促掩埋的小林白的尸体。孩子的头部严重骨折，没有腿，没有手。验尸结果表明孩子两个月前已经死亡，致死原因是头颅受到击打。

两年多来警方一直都在努力破案。1934年9月，一位加油站服务员碰到一位客户用10美元黄金券购买了5加仑汽油。黄金券立刻引起了这个服务员的怀疑。他把该客户的车牌号码记在便条上交给了警方。警方认定车主是布鲁诺·理查德·豪普曼，一个非法德国移民，当时的职业是木工。警方搜查了豪普曼的家，发现1.4万美元赎金，当即逮捕了豪普曼。审判期间，有证据显示豪普曼的笔迹与康顿收到的便条笔迹一致，家中地板的木材与林白绑架案中梯子的木材一致，经过十几个小时的审议，陪审团一致认定豪普曼罪名成立，判处死刑。

当这场绑架案告破时，穆雷的研究工作才刚刚开始。他首先审查了自己收集到的预言，用三条信息来衡量预言的准确性，"孩子已经死亡""孩子被掩埋""掩埋的地方有树"。在穆雷收集到的1300条预言信息里，只有5％预言孩子已经死亡，仅仅四个人预言孩子死后被埋在有树的地方。此外，没有一条记录提到过梯子、勒索便条和赎金。穆雷最终不得不给出这样的结论："我的研究结果表明，梦境和事件之间并不存在任何联系。"

尽管人们会做关于未来的梦，但是这些梦并不能反映现实。

不幸的是，人们对于这一点似乎视若无睹。2009年卡耐基·梅隆大学的心理学家凯瑞·莫维奇德和哈佛大学心理学家迈克尔·诺顿进行了一个实验，目的是看处于现代社会的人是否仍然相信梦境能够预言未来。被抽样调查的人大约有200名，都是往来于波士顿火车站的通勤人士。研究人员要求他们假设自己订好了飞机票，就在准备坐飞机出行的前一天，他们获得以下四条信息中的任意一条，这四条信息分别是，政府部门发出恐怖威胁警告，他们突然有了一种飞机会坠毁的预感，之前在同一条航线发生过飞机坠毁事件，他们做了一个关于飞机坠毁的梦。在得到以上任意一条信息后，要他们为自己取消飞行计划的可能性评分，高分数表示他们很有可能会取消飞行计划。令人惊讶的是，假设自己梦见飞机坠毁的人给出的分值最高，看来，做了相关的噩梦所带来的焦虑感比政府发出恐怖警告、比之前发生过空难事件所带来的影响要大得多。

除了揭秘"梦境预言"的真相，睡眠科学还解答了关于做梦最匪夷所思的问题——我们为什么会做梦？

实战练习

如何做清醒梦

控制梦境的终极境界是清醒着做梦。最让人向往的清醒梦可能要数在梦中飞行、穿墙壁以及和喜欢的名人共度愉快时光。有的科学家指出，也许那些认为自己做了这些梦的人根本就不是在做梦，而是自己的臆想，可科学界对此存在争议。直到20世纪70年代末，研究者凯斯·赫恩解开了清醒梦的疑团。他对那些声称有清醒梦境体验的人的大脑活动进行了监测，其中最著名的一次实验，是他邀请到他的一个偶像来到自己的睡眠实验室，这位明星声称自己经常会醒着做梦。监测中，赫恩让他的偶像在做清醒梦的时候左右转动眼球八次。赫恩发现，清醒梦出现在REM睡眠期，而且跟常规的梦一样，大脑活动没有什么异常。简而言之，清醒梦和普通梦一样也是大脑活动的产物。

　　在赫恩研究清醒梦之后，其他的学者也做了大量的调查研究，研究内容包括增加清醒梦频率的方法等。他们的研究表明，以下步骤可以帮助你控制自己的梦。

　　1. 给闹钟定时，让闹钟分别在你睡后的第四、第六、第七个小时把你叫醒。从理论上讲，在这些时间点，你很有可能是在做梦，闹钟会把你从梦境中直接唤起。

　　2. 如果你在梦中被闹钟叫醒，请花10分钟时间把所做的梦记录下来，或者四处走走。在继续睡觉之前，仔细想想被叫醒前做的梦。告诉自己说，我要继续做同一个梦，那么这次你就会做一个清醒的梦了。

　　3. 在自己的一只手上写一个大大的字母"A"（表示awake，即清醒），在另一只手上写上字母"D"（表示dream，即做梦）。然后，无论你看到哪只手上的字母，问问自己现在是处于清醒状态还是睡眠状态。这样做有助于习惯这个套路，当你在做清醒梦的时候，看到自己的手，就会问自己同样的问题。在睡觉之前，你先躺在床上，请花1分钟时间看看自己的双手，默默告诉自己，在梦中你也会看一下自己的双手。

　　4. 这样一来，当你做了一个清醒梦时，你会发现，你会不由自主地想起问自己那个问题，你究竟是在梦中还是在现实中。好消息是，有多种方法可以让你判断是梦境还是现实。首先照照镜子，如果只是一个无比清晰的梦，镜中的影像会渐渐虚化消失；如果是现实，那么镜子中的影像会越来越清晰，让你感到不愉快。其次，在自己胳膊上咬一口，如果是在做梦，你是做不到的；如果是现实，你会感觉疼痛难忍。最后，想办法斜靠着墙壁，如果是在做梦你会穿墙而过；而现实中，如果那不是一堵危墙的话，什么都不会发生。

梦是人们通往无意识世界的皇家大道

　　先讲个老笑话。一个女人在早晨醒来后对丈夫说："昨天晚上我梦见你送给我一条银项链作为我的生日礼物，你觉得这个梦意味着什么？"丈夫回答说："今天晚上你就知道了。"当晚，丈夫回来给她带了一个包装好的礼物。这个女人非常高兴，打开盒子却发现是一本书——弗洛伊德的《梦的解析》。

　　这个笑话虽说是虚构的，但这本书是真实的。弗洛伊德对梦非常感兴趣，他称梦是人们"通往无意识世界的皇家大道"。弗洛伊德的基本观点是人们拥有各种恐惧和忧虑，而我们有意识地将之压抑在无意识的状态里。做梦的时候，我们的意识会处于休息状态，而被压抑在无意识世界里的渴望以及情感就会被释放出来。因此，弗洛伊德认为，通过探寻一个人的梦境，可以洞察他内心隐秘的欲望和情感。然而，这种想法说起来简单，操作起来就不是那么容易了。因为梦所表达的无意识想法不会像言语一样直白，它会倾向于一种象征性的交流，尽管有些梦里出现的象征物寓意比较明显，例如，"雪茄"寓意"阴茎"。然而，大多数象征性寓意需要专业医师来解释，比如，梦到"频频拥抱警察"的意思是你在想"每小时200英镑"。弗洛伊德关于梦的解析，催生了一个完整的解梦产业，世界各地都出现了兜售各种解梦的书籍、研讨会、DVD的小贩。可就是有那么一个小问题，现在许多科学家都认为弗洛伊德大错特错，他所说的梦的解析那一套完全是在浪费时间。

　　那么关于做梦还有什么其他观点吗？试想一下，如果你正处于REM睡眠状态，我突然把你叫醒，请你写下梦境报告。有两件事可能会发生，首先，你可能会问我："你在我的卧室干什么？"其次，有八成人

一个女人在早晨对丈夫说："昨天晚上我梦见你送给我一条银项链作为我的生日礼物，你觉得这个梦意味着什么？"丈夫当晚回来给她带了一个包装好的礼物。这个女人非常高兴，打开盒子却发现是一本书——弗洛伊德的《梦的解析》。

会向我报告一个充斥坏情绪和糟糕情景的梦，这一点我们在之前有提到过，大部分梦都是关于厄运或霉运的。也许你会说，梦到自己在公共场所赤身裸体，陷入了流沙，或是被人嘲笑，更糟糕的是有可能在一个梦里把这三种场景都经历了。可为什么我们的梦总是涉及厄运和霉运呢？某些进化心理学家的观点是，梦是人们可能在现实中遇到的危险事件的演习。这个演习很安全，既可以让你在梦中演练如何应对危急状况，又可以让你毫发无伤。

　　如果你对"梦是一堂心理自卫课"这个观点不那么感冒的话，你可能会对那位发现了DNA结构的弗朗西斯·克里克的理论感兴趣。20世纪80年代中期，克里克从一个非常独特的视角来研究做梦，他认为做梦是大脑对白天接收到的信息进行整理的一种方法，它扔掉不重要的信息，重新组合事件与想法之间的关联。用克里克的观点来说，做梦类似于对大脑"硬盘"进行碎片整理，同时又充当一个灵感迸发器的作用。这一点有很多例子可以说明，许多伟人智者都是在做梦的时候迸发了绝妙的灵感。例如，20世纪40年代，伊莱亚斯·哈维梦想发明世界上第一台缝纫机，可是又不知道从何着手。有一天晚上，他梦见自己被一群土著武士包围，他们的长矛在矛尖处有一个孔。哈维意识到这个梦是在提示他研制缝纫机的解决方案，只要在针头上打一个孔，针头穿过布料后依然能够控制线，而线也会跟上针头，这样问题就解决了，世界上第一台缝纫机也就应运而生了。类似的故事还有，化学家奥古斯特·冯·凯库勒一连花了好几年时间研究苯结构，后来他做了一个梦，梦见一条蛇盘成圆形。冯·凯库勒马上意识到这就是令他困惑不解的苯的结构式：把碳原子排列成圆环，结构式问题就迎刃而解了（作家阿瑟·库斯勒描述说，这是人类历史上继约瑟解析的七头肥牛和七头瘦牛的梦之外，最重要的梦了）。在体育和音乐领域，也有不少类似的报道。据说高尔夫球手杰克·尼古拉斯梦到了一种新的握高尔夫球棒的方法，由此迎来了他高尔夫事业的高峰。而在音乐方面，披头士乐队的保罗·麦卡特尼说自己创作《昨天》这首歌，完全是因为梦到了它（一位学者最近研究了麦卡特尼创作《昨天》的灵感一刻，得出结论说，人、领域、专业这三者形成一个相互独立又相互影响的创作系统，而《昨天》这首歌是这个系统的产物。读者如果有兴趣，可以另行查阅相关资料）。

　　对于做梦这件事，如果你既不喜欢"危情演习"的解释，也不喜欢"灵感迸发器"的观点，那么你可能对现在科学界颇为前沿的一个观点感兴趣，这个观点认为做梦是大脑无目的性活动的产物，没有任何意义。这个理论被称作"活化—整合假说"，是哈佛大学精神病专家詹姆斯·霍布森在20世纪70年代提出的。当你在睡觉的时候，很明显，你不会接收到很多感官信息。可霍布森认为，大脑在进化过程中先出现的部分（负责类似呼吸和心跳等基础功能的大脑部位）会在你睡觉时有规律地产生活动脉冲，从而让你整个大脑产生无目的性活动，而大脑相对后期进化的那一部分则为此感到困惑，竭力让这些大脑活动变得完整而有意义，于是就形成了掺杂很多日常生活元素的光怪陆离的梦境。因为睡眠对健康来说是毋庸置疑的，某些理论家把梦比喻成"睡眠卫士"，因为梦境处理了大脑的无目的性活动，所以你才不用担心被频繁惊醒。有趣的是，最近的先锋研究表明，这个理论可能是正确的，因为有实验证明，如果大脑造梦的那个部分受到损坏，人们将很难睡个好觉。另外，"活化—整合假说"没有排除弗洛伊德的观点，梦境反映了日常生活中的焦虑和担忧，只是梦境的象征性寓意唯有在专业心理治疗师的帮助下才能被揭示。

　　或许，还有一个比上述理论都更为简单的观点。拉夫堡大学的睡眠研究者吉姆·豪恩曾提出，也许梦境不过是一种类似"大脑影院"一样的东西，做梦只是大脑娱乐自己，打发无聊的睡眠时间的一种方式。

几千年来，人们相信通过梦可以窥见未来，但是，直到20世纪50年代，科学家才找到方法研究睡眠中的大脑，揭开了梦境预言的真相。人们做的梦远比自己意识到的要多很多，而能够记住的只有那些看上去变为现实的梦。大多数梦境都和现实中的焦虑、担忧有关，所以有可能和未来事件相关联。与普遍的认识不同，几乎所有的人都会做梦，所以每天晚上无数的梦境中总有一个能准确描绘未来事件，但这纯属概率问题。科学家们对于梦的研究提出了很多重要见解，比如，梦是一场面对危险情况的演习，梦是灵感的源泉，梦是睡眠的卫士，等等。尽管关于睡眠还有很多未解之谜，但有一件事情是肯定的，那就是，对于那些渴望相信梦是一种灵异现象的人来说，意念科学的发现像一场噩梦。

我们已探求了魂牵梦萦的灵异现象，并审视了奇迹的本质。

在神奇的超自然世界里，我们的探险已经接近尾声。在探索之旅的第一部分我们探索了灵媒阅读如何揭示内心真正的你，灵魂出窍体验如何让你的大脑判断你实际所在的地方，所谓的意念力如何印证为什么人眼所看到的是不可信的，以及尝试和死者交谈如何阐释潜意识的力量。在我们探险的第二个部分我们揭示了，遇见鬼魂的经历如何获得了对心理暗示的深刻洞察，精神控制专家如何操纵你的思想，以及睡眠科学如何来解释梦境预言。一路走来，我们揭开隐秘的幕布，发现了许许多多灵异事件背后的真相，学会了各种制造奇异现象的方法。如果一切顺利，你现在应该会用通灵板占卜、表演灵魂出窍、向完全陌生的人们讲述他们的事情、能够用意念弯曲金属物件、避免被人洗脑，还会控制自己的梦境。

然而，一个重要的问题尚未解决。为什么我们能够体验这些不可能的事情？要知道人的大脑已经消除了多种重大疾病，把人类送上了月球，并揭开了宇宙的起源。可是，为什么这个精细打造的思维机器会被愚弄欺骗以致相信灵魂可以离开身体、鬼魂存在以及梦境可以预示未来呢？

　　说来也奇怪，这两个问题是密切相关的。可是在我们发现这些之前，现在是时候回到我们在本书最初部分所做的练习。

　　也许你还记得，我曾经给你一个墨水斑点图，然后让你自己决定它看起来像什么。这个类型的测试是弗洛伊德学派治疗师试图获得对他们的患者的观察发展而来的。据他们的经验，人们会不知不觉地向博学的人表达自己内心深处的想法和感觉，因此，他们允许一个专业技能成熟的治疗师得以深刻洞察这些患者的潜意识。大量的研究目前已经证明了这一类的测试都是不准确和不可靠的。然而，黑暗之中总有一丝光明，从正面的角度来看，这个测试引发了几个好笑的笑话，其中有一个是我最喜欢的："我的心理医师太差劲了，我完全不知道他拿着我母亲的裸照在做什么。"

　　我跑题了。尽管这个测试不能提供一扇进入你潜意识的大门，但是它能够真实地测量一些更重要的东西，比如，你寻找规律的能力。你的得分怎么样？同样的方式，有些人得分高，有些人得分低，所以一些人天生就善于发现点状图案的规律，甚至是在一堆没有意义的墨水点中。他们看到这个图片然后迅速地看到一只贵宾犬的脸、两只兔子在吃草或者两只泰迪熊立在床上。另一部分人看着同样的照片，10分钟之后看到的还是一堆黑色的污点，此外没有其他任何东西。寻找图案规律的能力在日常生活中扮演了至关重要的角色，因为你经常需要确认因果关系之间的差距。举例来说，也许你每次吃到某种食物都会感到不舒服，然后你就需要断定到底是什么成分让你生病的。

　　或者你可能想要买一辆新车，所以你详细地调查各种评论，找到它们共同的思路来引导你购买。又或者，你可能需要经历很多情感关系来确认那个最完美的伴侣。善于发现这种点状图案的规律在人类物种生存与人类成功中起了至关重要的作用。绝大部分时间，这种技能很好地服从于我们，从而让我们推断出世界是如何运转的。然而，有些时候这种技能力度的加大能够让我们看见一些看不到的东西。让我们想象一下你在荒野之中，风会造成附近的一些灌木丛沙沙作响，并且，你被告知这个地方有几只饥饿的猛虎，这些猛虎同样可以造成沙沙作响的动静。你要面对一个简单的选择：你觉得这个声响是风的作用造成的，所以你决定站在原地不动，或者你推断出很可能是一只老虎闹出的动静，你要马上逃跑。显然，依据你的长期幸存经验，为了安全起见，你最好赞同老虎存在的这种假设。毕竟，正像老话说的那样，躲避风总比面对一只饥饿的猛虎要好得多。或者，放在心理学的层面考虑，看到一些也许实际上不存在的规律，也总比错过一个真正的规律要好得多。

因此，你寻找规律的技能让你总倾向于寻找完全不相关的事件之间的关联。这种做法，让你可以轻松确信你已经经历了不可能的事情。举个例子，你或许可以发现看手相的人毫无意义的叙述和你的过去有着惊人的关联，然后断定这个算命的说的是真的。或许，你可能看到一个随机的梦对应了在你生活中接下来发生的事件，所以你觉得你有预言的天赋。又或者，你看到了一张不起眼的照片，岩石倒映在湖里，你试图在水中寻找"鬼面"。或者你可能看到一个"巫师"全神贯注地盯着一只勺子，接着看到勺子弯曲，然后推断这个现象是"巫师"不可思议的超自然能力造成的。或者你会在重要的工作面试前把幸运符放在口袋，然后确信这个幸运符会给你带来好运。像这样的例子还有很多。

这个超自然至高理论预测到，特别善于发现这种规律的人比大多数人更可能经历这种看似是超自然现象的事件。但是事实是这样吗？为了找到这个答案，研究者给这些人做了不同的墨迹测试，然后询问他们所经历的超自然事件。和预测的一模一样，结果表明，在寻找规律的测试中获得高分的人经历了更多奇怪的事情。

　　总而言之，发现规律的能力对于你的幸存是多么重要，你的大脑宁愿看到一些虚构的规律，也不愿错过真正的原因以及由此带来的影响。这样看来，看似超自然的经历不是你的大脑被绊住，而是你要在接下来的时间里成就不可思议的事情所要付出的代价。

　　我们的探索之旅即将完成，有你们的一路同行，我感到很快乐，希望你也和我一样，从这个旅途中得到快乐。在说再见之前，我还有最后一个故事要说给你听。

　　很多年以前，我在某家餐馆工作，为顾客表演魔术。我从一张桌子转到另一张桌子，为大家做扑克牌表演，确保每位顾客用餐愉快。表演结束时，客户总会跟我开同一个"玩笑"："请问，您能让我的账单消失吗？"所有的人都认为自己是第一个想到这个问题的人。作为追求完美的职业魔术师，我每次都被迫大笑。其实我不是唯一一位忍受这种重复问题的魔术师。实际上，这是很常见的现象，一位著名的美国魔术师曾把这个问题写在小卡片上，在这个问题旁画上很多钩儿，当再次被问到这个问题的时候，他会大笑，并从钱包里掏出小卡片，在这个问题旁边再添上一个钩儿。

　　现在我已经不在餐馆表演扑克牌魔术了，但每次当我做完有关超自然现象的演讲后，总还是有人问我同样的一个问题："请问，还有您无法用科学来解释的超自然现象吗？"每次我都会回答他们，至今还没有令人信服的证据能证明超自然现象确实存在，听到这个答案，他们看上去都非常失望。我想，他们这样的反应是因为他们相信如果这个世界真的存在超自然现象的话，一定会更有趣。可我不这么认为。

　　美国数学家、科普作家马丁·加德纳是我心目中的学术英雄，他于2010年辞世，享年95岁，在辞世前的最后一次采访中，他谈到了奇迹的定义。加德纳提到一个简单的思维测试，假设某人发现了一条流淌着葡萄酒的河流，或者发现了一条能够让物体上浮进入太空的道路，请问：你想花多少钱去参观这条河流？或是花多少钱看那升空的物体？结果是大多数人为了目睹这种奇异景象都很乐意花上一大笔钱。然而，加德纳指出，从本质上来看，流淌着水的河流和流淌着葡萄酒的河流是一样的，受地球引力吸引紧贴地面的物体与受太空引力吸引升空的物体没什么两样。我认为他是对的，如果迷信超自然现象，那么就永远也看不到日常生活中的种种奇迹。与那些似乎能够与亡灵对话、用意念移动物体的人不同，对于我们来说，生活本身就是真正的奇迹。

在我们的探险之旅开始之前，我曾说过，我们要经历比《绿野仙踪》还要精彩的世界。其实，我们根本没必要去《绿野仙踪》那个世界，因为你已经生活在这个精彩的世界中。就像《绿野仙踪》影片结尾时多萝西说的——没有一个地方能和家相比。

魔术表演
速成工具箱

　　最后，我要留给读者们一份临别礼物，一个速成的心理游戏指南，你可以按照这个指南在朋友、家人和同事面前做魔幻表演。这些表演的理论和创意，在之前各章节都出现过，现在我将它们应用在下面的表演指南中，作为我们探索之旅的纪念。

　　你只需花上片刻时间，就能很快学会这些不可思议的表演，包括麻醉他人的手、预言未来、催眠小鸡、招魂等。这就是"魔术表演速成工具箱"。

1. 通灵阅读

　　在第一章里，我们研究了通灵师、通灵媒介、星相学家如何做到高准确率的通灵阅读。这些令人惊奇的能力与超能力无关，只不过是下面两条心理学原则的熟练应用，这两条原则在日常生活中扮演着非常重要的角色。第一条原则是，我们所有的人都喜欢奉承，所以都愿意接受让自己神采飞扬的观点，这就是所谓的"自我本位偏见"；第二条原则是，我们日常交谈，只需要少量的信息就能够听懂对方的意思。比如，我们可以在嘈杂的房间或线路不好的电话中交谈。通灵师向我们展示了运用这两条心理学原则的娴熟技能，让我们不得不承认，大脑可以超正常发挥，并将毫无意义的言论转变为深刻的见解。

此外，还介绍了专业"冷读"心理学技巧。这一心理学技巧需要在实践中操练，不过，你可以先试试按第一章中描述的步骤来演示，让完全陌生的人相信，他在你面前没有任何秘密。

20世纪40年代有一位叫贝特伦·福勒的心理学家做了一个具有突破性的实验。福勒给每个学生做完全相同的人格描述，结果发现几乎所有的学生对他的描述都表示认同。这种现象叫作"贝特伦效应"，利用它，可以让别人以为你对他人的性格非常了解。

另外，第一章还告诉人们如何把一个故事编得有说服力。这就要求你揣摩对方是否对手相、占星术、心理学感兴趣，了解了他的兴趣，再看着他的手掌，询问他的生日，或者请他画一座房子，然后朗诵下列文字：

"我得到的印象是，你是一个忠实可靠的朋友，在遇到困难的时候，能为朋友两肋插刀。尽管你欣赏均衡平等，但实际上你是一个有远大抱负的人，这一点可能你的朋友和同事都没能意识到。大多数情况下，你给人的印象是个很要强的人，但有时也会对未来深感焦虑。你是那种容易附和大众评价的人（抱歉，要是你已经明白我的意思，这就算开个玩笑吧）。我感觉在某些情况下你是一个完美主义者，有时会因此让周围的人生气。嗯，你善于分析事情的正反两个方面，不会仓促地下结论。你属于那种喜欢收集到各类资料后才做出决定的人，对吗？回首过去，你有时会想象自己没有选择的另一种生活，但总体而言，你是个着眼于未来的人。尽管你喜欢改变和丰富多彩的经历，但同时吸引你的还有循规蹈矩的稳定性。现在你正面临重要抉择，也就是说，最近你的生活发生了很大的变化。你知道自己有很大的潜力，只是还没有把这些潜力完全发挥出来，有的时候你很外向，善于社交，有的时候你又非常内向保守。"

有科学依据表明，这段话一定能让对方印象深刻，除非那人也读过这本书。

2. 速成麻醉师

第二章我们深入探讨了"出体经验"（也叫速成麻醉）以及隐藏在背后的科学。"出体经验"这一奇怪的感知现象，让我们发现了大脑是如何在你醒着的每一刻制造出"你在哪里"的意识。要完成这个复杂的感知程序，需要大脑持续整合来自各个感官的信息，尤其是来自视觉的。然而，当感官信息被剥夺之后（或是躺在黑暗的房间，或是处于全身麻醉状态），大脑为了定位"你"在哪里，只好依靠你自己的想象。如果恰巧你特别擅长从另外的角度想象这个世界，那么你的大脑就可以让你感觉自己已经脱离身体，四处飞翔。

在本章中，研究人员通过实验知道了大脑是如何利用视觉信息对自己所处的位置做出判断的。实验中，人们感觉自己仿佛存在一只橡胶手，甚至认为桌子是自己的一部分。在这里，麻醉手指的表演从概念上来讲是一回事。

请你的朋友伸出右手食指，你伸出左手食指，然后两只手合在一起，食指竖立，相互触碰（请参照下图）。

<<<

接下来请你的朋友用左手大拇指和食指沿着上图演示的"双食指"边敲击，让你朋友用左手大拇指摩擦自己右手的食指，再用左手的食指摩擦你的左手食指。奇怪的事情就会发生，你的朋友会感觉到他的右手食指仿佛完全失去了知觉。

你朋友的大脑会以为是自己的左手食指被触碰，但什么都没有感觉到，所以大脑会以为他的手指麻木了。这个小表演可以在酒吧跟人搭讪用。

3. 横向思维

第三章我们研究了那些自称能用意念移动物体的人，该研究让心理学家们发现，人们在日常问题的解决和观察上存在漏洞。很多人都无法看穿魔术，是因为没有认识到横向思维。尽管你可能认为自己始终都在观察周围发生的每一件事，但是事实上，心理学家能够证明，你所观察到的事情只是所发生事件的一小部分而已。

下面这个演示就用到了上述的重要心理学原则。你需要一只塑料吸管、一个塑料瓶，还有一张桌子。

在表演开始之前，请偷偷用衣服摩擦吸管，让吸管带上静电，随后把吸管水平放在塑料瓶顶部，如图所示。

>>>

这时你就可以宣布自己拥有超能力了，把你的右手放在距离吸管一端约1英寸的地方，慢慢摩擦手指，吸管就会像被施了魔法一样，在瓶盖上往你的手指方向转动。

在表演的第二部分，把吸管放到离桌边几英寸的地方，与你的身体平行，再次摩擦指尖，装作在召唤神灵的样子，然后把右手放到桌面上方距离吸管几英寸处（见下图）。

<<<

紧接着，将头略微低下，把注意力集中到吸管上，同时慢慢摩擦手指，快速而隐秘地向桌面吹气，气流拂过桌面，吸管受气流影响，就会慢慢滚动起来。

哇，奇迹出现了！

采用这两种不同的方法（静电法和吹动法）都获得了相同的效果（神奇地让吸管朝你的指尖方向移动），这实际上应用了伪装意念超能力的重要心理原则。在演示第二部分的时候，观众的注意力被转移到手指上边，却没有人注意到嘴唇，因而被迷惑了。

4. 心理暗示的影响

第四章我们调查了桌灵转、通灵板和自动书写现象，发现了无意识行为的一种微妙形式——"动念动作"。"动念动作"在我们日常生活中非常重要，它让我们为即将采取的行动做好准备，此外，它还帮助科学家解决了棘手的自由意志之谜。

容易受心理暗示影响的人，受"动念动作"的影响也会比较大。你可以用下面的练习来评估你朋友受心理暗示影响的程度。

首先，请你的朋友双臂向前伸，两臂与地面平行，双手手掌掌心向下，保持水平，然后让他闭上双眼，接着你对他朗读下面的文字，语速要缓慢，字句要清晰：

"我打算陪你进行一个简单的可视化练习。首先，请想象你的左手手指上用很粗的绳子挂了一摞厚厚的书。这些书挂在手上，让你的手臂往下沉。请不要移动手臂，一边专心听我的声音，一边在大脑中想象这个场景。想象一下，随着时间的推移，你会觉得越来越重，这些书慢慢地把你左手手臂拖向地面。再想象右手手指上用一根细线绑着一个氢气球，感觉右手被拉向天花板。请不要移动手臂，一边专心听我的声音，一边在大脑中设想这个场景。左手受力向下，右手受力向上。好极了，现在你可以睁开双眼，放松手臂了。"

练习结束时，请注意观察你朋友双手的位置。他的两只手臂刚开始时处于同一水平高度，现在左手下沉了吗？右手抬高了吗？如果双臂保持高度不变，或只是向外扩展了若干英寸，那么你这个朋友不会轻易受心理暗示的影响。如果手臂外展动作超过了几个英寸的范围，就可以列入容易受心理暗示影响的那一类。除此之外，这个实验还可以剖析受测人员的性格。不容易受心理暗示影响的人比较务实、逻辑性强、喜欢拼图游戏；相反，容易受心理暗示影响的人往往具有良好的想象力、敏感、易被书籍和电影吸引。

5. 心理幻觉

第五章我们深入"鬼穴"，探讨了幽灵和闹鬼之谜。在研究的过程中，我们揭示了好几条重要的心理学原则。传说中的"梦魇"实际上只是由于睡眠麻痹现象造成的凭空想象，梦中遇到的种种怪事实际上是心理暗示的结果，由此大脑产生了高度警觉，并成为"超敏感媒介检测装置"。

有很多人都渴望亲身遭遇幽灵，下面两个小表演可以让人相信你有召唤鬼魂的能力。

首先，请你的朋友站到镜子前，距离镜面大约0.5米，然后在他身后放置一个昏暗的光源，例如蜡烛，接着把房间里的灯熄灭。注视镜子中自己的身影，1分钟后，你的朋友就会体验到一种奇怪的幻觉。意大利心理学家乔瓦尼·卡普托对此所做的研究表明，大约70％的人会看到自己的脸出现变形，非常恐怖，有一部分人甚至会看到自己的脸扭曲成别人的样子。民间还有人说，如果连续大喊"血腥玛丽"13次，变形的效果会更惨烈。尽管目前研究人员还不清楚造成这种荒诞效果的原因是什么，但看上去是因为这个过程阻碍了大脑将脸部的不同部位（鼻子、眼睛、嘴等）组合成一个整体的画面。

当朋友相信了你具有召唤鬼魂的能力，就可以进行第二步演示了。这时你需要两根完全相同的橡皮筋，并在表演开始前把一根橡皮筋缠绕到自己左手手腕上。如果穿的是衬衫或者长袖裙子，就把橡皮筋缠绕到手腕以上的位置，以免被看到；如果穿的是T恤衫、短袖衬衫或裙子，就把橡皮筋缠绕到上臂被衣袖遮挡的位置，把另外一根橡皮筋装在口袋里。一切准备好了的话，就可以开始了。

请你的朋友伸出他的右手，再伸出大拇指，用你的左手大拇指和食指抓住他伸过来的大拇指，用右手把橡皮筋从你口袋里掏出来，解释给他听，如果你不松开他的大拇指或者弄断橡皮筋的话，就不可能让橡皮筋缠绕到他的大拇指上。接下来，你说你能够召唤鬼魂，但是降神会通常都要求黑暗的环境，所以请你的朋友帮忙，让他把眼睛闭上就可以了。只要他闭上眼睛你就能偷偷把橡皮筋放回口袋，然后再小心翼翼地将左臂上隐藏的橡皮筋，下移到你朋友的大拇指上。此时再让你的朋友睁开眼睛，他会发现幽灵已经让橡皮筋缠绕到他的大拇指上了。

最后还可以吓唬吓唬对方，说刚刚召唤来的幽灵会跟随他回家，说不定会给他带来持续一周的噩梦（对于那些容易受心理暗示影响的人来说，此法特别有效）。

6.读心术和洗脑术

第六章我们探索了被精神控制的世界，揭示了在著名读心术表演中如何发现肌肉阅读的技巧，邪教领袖如何用"登堂入室""自我辩护""从众性心理"的技巧来控制信徒。

创立一个邪教可能不是什么好主意，但的确有几个有趣的方法，让你至少看上去可以控制你的朋友的行为。

首先，请你的朋友两手十指相扣，食指相对竖立，两指间保持1英寸左右的距离，如图所示。

>>>

接下来，向你的朋友宣布，你要使用精神力量使他的两个食指逐渐靠拢。这时一定要请你的朋友尽量保持两指间的距离，同时想象指尖已经被细线绑了起来，且绑着手指的线收得越来越紧，如果你在一旁模仿绑住线条和收紧线圈的样子，效果会更好。几秒钟后，你朋友的手指肌肉就会疲劳，接着，手指就会自然地慢慢靠在一起了。

　　下一步请您的朋友把右手放在桌面上来，手指自然舒展，平放在桌面。接着再让他的右手中指在第二个关节处向内弯曲，如下图所示。

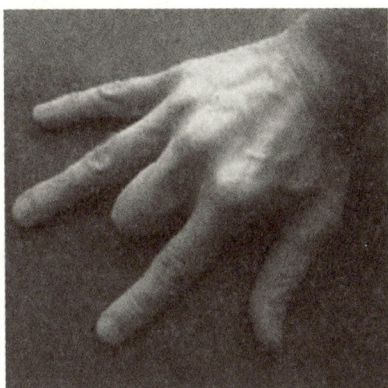

<<<

　　现在，再次宣布，你要启用精神的力量，让他无法移开自己的右手无名指。结果可想而知，无论你的朋友怎么努力，也不能抬起他的无名指。

　　我希望作为读者的你喜欢这些心理游戏，并善用你刚刚学到的"超能力"。

感 谢

　　首先最重要的，我要感谢赫特福德郡大学多年来对我学术工作的支持。在此我想要感谢苏·布莱克默、詹姆士·蓝提、吉姆·浩兰、克里斯·弗兰、马克斯·马文、神秘的D先生、彼得·蒙特以及大卫·布里特兰德对本书的重要贡献。特别感谢艾玛·格兰宁和克莱夫·杰弗瑞对最初手稿的审阅。此外，如果没有我的经纪人帕特里克·沃尔什和编辑乔恩·巴特勒的专业指导意见，就不会有这本书面世。同时特别感谢我的同事、合伙人兼搭档凯若琳·瓦特。

图书在版编目（CIP）数据

怪诞心理学：不可思议的心理操控. 2 /（英）怀斯曼（Wiseman, R.）著；蒋涛译.
—长沙：湖南文艺出版社，2012.10
书名原文：Paranormality：Why We See What Isn't There
ISBN 978-7-5404-5779-2

Ⅰ. ①怪… Ⅱ. ①怀… ②蒋… Ⅲ. ①心理学–通俗读物 Ⅳ. ①B84-49

中国版本图书馆CIP数据核字（2012）第216965号

著作权合同登记号：图字18-2011-153

Copyright © 2011 by Richard Wiseman
This edition arranged with Conville & Walsh Limited
through Andrew Nurnberg Associates International Limited

上架建议：心理学·大众心理学

怪诞心理学2：不可思议的心理操控

著　　者：［英］理查德·怀斯曼
译　　者：蒋　涛
出 版 人：刘清华
责任编辑：丁丽丹　刘诗哲
监　　制：一　草
特约编辑：华　艳
版权支持：辛　艳
内文插图：彭金荣
装帧设计：李　洁
出版发行：湖南文艺出版社
　　　　　（长沙市雨花区东二环一段508号　邮编：410014）
网　　址：www.hnwy.net
印　　刷：北京天宇万达印刷有限公司
经　　销：新华书店
开　　本：700mm×1000mm　1/16
字　　数：211千字
印　　张：17
版　　次：2012年10月第1版
印　　次：2018年2月1版7次印刷
书　　号：ISBN 978-7-5404-5779-2
定　　价：29.80元

若有质量问题，请致电质量监督电话：010-59096394
团购电话：010-59320018

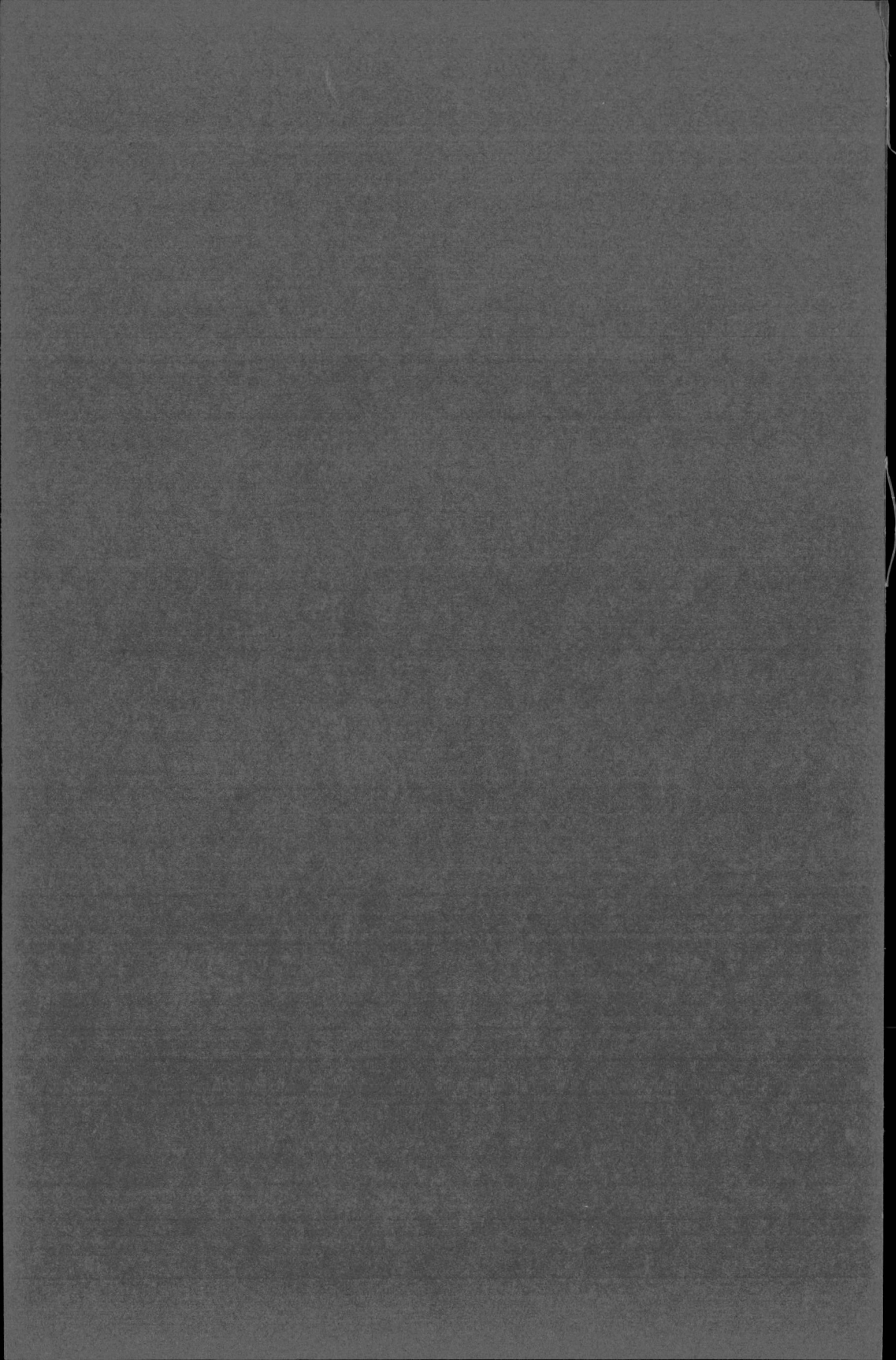